AU SINAI

(MARS 1866)

PAR

Ch. GRAD et Maurice VÉLIN

MEMBRES DE LA SOCIÉTÉ DE GÉOGRAPHIE

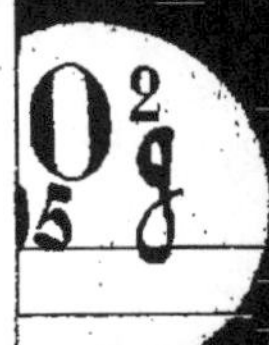

AU SINAÏ

(MARS 1886)

CH. GRAD et MAURICE VÉLIN

MEMBRES DE LA SOCIÉTÉ DE GÉOGRAPHIE

DE L'EST.

Extrait du *Bulletin de la Société de géographie de l'Est.*

NANCY

IMPRIMERIE BERGER-LEVRAULT ET Cie

11, rue Jean-Lamour, 11

1887

AU SINAÏ

(Mars 1886)

———

I.

LE SERBAL.

A première vue et à distance, l'ascension du Serbal ne paraît pas chose aisée. Élevé à plus de 2,000 mètres au-dessus du niveau de la mer Rouge, ce massif se dresse d'un seul jet, pareil à un groupe de tuyaux d'orgues, ou de pains de sucre plantés au-dessus du désert de Ga'ah, dominant le fouillis de ouadys et de montagnes qui rayonnent tout autour. En y regardant, de prime abord, il semble impossible de gravir ces escarpements raides avec des pieds humains. Toutefois les dents dont le groupe se compose présentent entre elles des gouttières ou des plis, où un montagnard exercé doit pouvoir se tenir debout. Quoi ! si Moïse a pu monter là-haut, comme le veulent de modernes commentateurs de la Bible, je ne puis hésiter à en faire autant. Des voyageurs anglais et allemands ont tenté l'aventure et y ont réussi, avec plus ou moins de peine. Aussitôt nos tentes dressées sur un tertre de l'oasis de Feiran, bien à l'abri du vent, notre chef chamelier Salami est allé quérir dans un campement voisin son ami Mansour, pasteur et chasseur, familier avec les tours et détours du Djebel Serbal. Mansour est venu et nous avons pris nos dispositions hier soir encore, après la visite du cheik Mouça, grand chef des Bédouins du Sinaï, campé pour le moment, lui aussi, avec ses troupeaux à l'entrée du ouady Aleyat. Pour gagner du temps et afin de ne pas prolonger notre séjour outre mesure, mon compagnon de route, M. Maurice Vélin, notre collègue du Club alpin français, a bien voulu se charger des investigations archéologiques et de la photographie des environs pendant mon ascension au sommet du Serbal.

Toute la nuit dernière, un vent violent n'a cessé de souffler si fort que j'ai craint un moment de ne pouvoir gravir la montagne. Ce matin pourtant, l'air est redevenu plus calme. L'aube commençait à blanchir au moment où j'ai gagné, avec mes deux guides bédouins, l'entrée du ouady Aleyat. Au campement du cheik Mouça, situé au débouché, sous la colline el Meharret, bêtes et gens reposaient encore. D'un versant à l'autre, depuis ce débouché, la vallée d'Aleyat est encombrée par un entassement de grands blocs granitiques, mêlés de diorite et de porphyre, accumulés sans ordre aucun. Beaucoup de ces blocs atteignent des dimensions énormes. Pour s'entasser ainsi, comme à la surface du glacier de Zmutt, au pied du Matterhorn, ou bien encore pareillement aux moraines de l'Allée-Blanche, sur le versant italien du Mont-Blanc, dans nos Alpes d'Europe, il a fallu l'intervention des grandes glaces. Un courant d'eau, si violent que vous le puissiez supposer, ou bien un glissement de montagne, n'aurait pas déposé ces blocs dans l'état où nous les voyons. Les hauteurs qui enserrent la vallée forment des remparts entassés au pied du Serbal, dont la crête se partage en cinq cimes principales. De nombreux acacias gommiers croissent entre les blocs granitiques et tranchent pendant l'été et l'automne par leur feuillage d'un vert foncé avec les rochers gris. Notre chemin, il s'agit d'un simple sentier, suit d'abord le versant droit. Serpentant entre les grandes pierres, il monte et descend, s'élève et s'abaisse tour à tour, suivant les caprices du terrain. En un point appelé *le Jardin*, une source d'eau vive arrose des palmiers et des caroubiers verts. C'est une oasis ombreuse dans un chaos de rochers à une heure et demie du débouché de la vallée. Les blocs accumulés prennent au soleil une teinte blanchâtre. A côté surgit une paroi de porphyre, dont la nuance est relevée par les herbes et les fleurs croissant dans ses anfractuosités. Dans le voisinage les Arabes montrent un trou creusé dans la terre, où un devin a dû découvrir autrefois d'immenses trésors.

Un jour, dit la tradition, un Bédouin alla au Caire, comme font nos chameliers. Dans la grande ville, le fils du désert fut invité par un inconnu, qui l'hébergea dans sa maison. Son hôte, un Maghrabi, lui déclara que son art magique lui avait révélé l'existence d'un trésor énorme dans le ouady Aleyat. Si le Bédouin consentait à conduire le magicien à l'endroit, la trouvaille serait partagée entre eux. Tous deux se mirent en chemin ensemble et découvrirent le trésor. Celui-ci fut chargé sur leurs chameaux. Au retour, le Bédouin eut la pensée de tuer son bienfaiteur pour lui ravir tout le butin. Déjà il pressait la détente de son fusil, lorsque le magicien, se doutant de la perfidie, jeta de la poudre aux yeux du traître, lequel tomba à terre aveuglé. Toutefois, sur le chemin de Suez, le Maghrabi se repentit du mal fait au Bédouin. Non seulement il envoya un remède pour guérir la cécité de son compagnon, mais cria encore par-dessus une des anciennes portes du Caire, Bab-en-Nasr : « Maudit soit quiconque enlève la vue à un Bédouin. »

Le baromètre indiquait une pression de 683 millimètres, à 7 heures du matin, lorsque nous arrivâmes à la hauteur du Jardin du ouady Aleyat. Nous avons pris ensuite à gauche pour gagner l'autre versant de la vallée. Quantité de blocs sont couverts d'inscriptions, pour moi indéchiffrables, avec des figures entaillées. Quelques-unes de ces figures représentent des bouquetins, d'autres des cavaliers armés d'arcs et lançant des flèches. D'autres rochers, grands comme des maisons, présentent des creux globulaires, des cavités arrondies de grandes dimensions. J'ai vu des blocs percés de part en part, naturellement, par suite de la friabilité de la roche. Ce ne sont pas des cuvettes dues à des moulins ou au frottement de cailloux animés d'un mouvement giratoire produit par un remous dans l'eau, comme ceux que j'ai observés sur les bords du Nil entre Assouan et l'île de Philæ, puis sur les écueils de la seconde cataracte de Ouady-Halfa. Dans ces blocs granitiques, la décomposition, au lieu de se propager de la périphérie vers l'intérieur, semble aller plutôt de l'intérieur à la surface, avec une remarquable régularité. Peut-être le vent active ce travail, en fouillant le granit. La surface des cavités, au lieu d'être lisse, présente des rugosités provenant des cristaux de feldspath en saillie. Nulle part ailleurs, je n'ai vu des roches cristallines ainsi évidées au grand air. Dans les montagnes du Sinaï, on remarque de ces creux au haut d'escarpements où la main de l'homme n'a pu atteindre. Certains blocs renferment de véritables cavernes, avec des traces de foyers, des bancs ayant servi de siège et des restes de poteries. Nulle part, dans le fond de la vallée, jusqu'au pied du Serbal, n'apparaissent des parois à surface lisse comme les polis glaciaires. Cela s'explique par la nature friable des roches cristallines, dont les surfaces exposées à l'air se délitent rapidement, sous l'effet des variations brusques et fortes de la température.

Tout le temps de la marche, le Serbal reste en vue avec tous ses sommets. Dressées verticalement comme les tuyaux d'un jeu d'orgue et comparables aussi aux dents d'une mâchoire immense, les pointes de la montagne se découpent sur le ciel bleu. J'en ai compté cinq ; mais on peut en voir neuf, suivant le nombre de divisions que l'on croit devoir établir dans la crête. Le ouady Aleyat descend dans la direction du Sud au Nord, comme le ouady Adjeleh, son voisin, qui s'ouvre également à la base du Serbal pour déboucher dans la grande vallée de Feiran, plus à l'Ouest. Entre les deux ouadys, également sauvages, s'étend un chaos confus de montagnes dont le sommet le plus haut, le Djebel Abou-Schaya, atteint 800 mètres d'élévation au-dessus de l'oasis de Feiran. En remontant le ouady Aleyat, sur la gauche, un des sommets visibles à mi-chemin porte le nom de Moneijah, c'est-à-dire *montagne de l'entretien*, nom appliqué également par les Arabes au Djebel-Mouça, au-dessus du couvent du Sinaï. Nos Bédouins, qui n'attachent aucune idée de sainteté au Serbal, tiennent la cime plus modeste du Moneijah en grande vénération. Il y a sur le point culminant une petite enceinte en pierres brutes où les nomades de la péninsule vont déposer des offrandes votives : le sol est recouvert de grains de chapelets, de traits de chameaux, de cheveux humains et d'autres reliques des croyants. Palmer a pris sur ces pierres des empreintes d'inscriptions pareilles à celles des rochers au-dessus du Jardin. Après les offrandes faites sur la montagne, les pèlerins entonnent un chant, dans lequel toute l'assistance s'écrie en chœur : « O lieu de l'entretien de Moïse, nous invoquons ton assistance. Protège ton bon peuple et chaque année nous viendrons à toi. »

Ya m'nèjât Mouça talibin testourak,
Teslim el ajdwid kull sennch en zourak.

Le ouady Aleyat aboutit à un col sur le flanc Est du Serbal. Ce col livre passage dans le ouady er-Rimm, plus déchiré encore que le ouady Aleyat, et comme lui encombré de rochers tombés des hauteurs environnantes dans la suite des siècles. A 8 heures, nous faisons une courte halte au pied des escarpements, au-dessus de 950 mètres d'altitude, correspondant à la hauteur du grand Honack de nos Vosges d'Alsace. Avant d'atteindre le principal sommet, celui de la dent du milieu, il nous faudra une grimpade de mille mètres et plus dans le sens de la verticale. Et le soleil darde dru, malgré la hauteur de la position. A 7 heures du matin, mon thermomètre marquait déjà 16° centigrades. Même avec une température plus basse, nous n'aurions pas froid après une marche continue à travers un dédale de gorges, de ravins, d'arêtes rocheuses. Notons au bas de la grande paroi du Serbal des dépôts de détritus et de sable feldspathique entre les gros blocs de la moraine. Cette moraine est entamée par places sous l'effet d'un torrent disparu. L'érosion par les eaux courantes apparaît nettement. Pour nous élever, nous nous engageons dans un des couloirs, suivant la ligne de fond d'une des gorges ascendantes creusée dans la muraille du massif, sur la droite du sommet principal. Trois heures durant, à partir de la base, depuis l'altitude de 1,000 mètres au-dessus de la mer, on se hisse, en s'aidant des pieds et des mains, entre les rochers éboulés au haut de parois vertigineuses. Beaucoup de précautions sont indispensables pour ne pas rouler en bas, au pied du mur.

Cette gorge ou ce couloir, où nous nous élevons comme dans une cheminée, est appelé par nos Bédouins Abou-Hamad, *le vallon des figuiers sauvages*. Effectivement, plusieurs de ces arbres ont pris naissance dans les rochers entre 1,200 et 1,500 mètres d'altitude. A la cote de 1,250 mètres apparaît une belle source limpide, transparente comme un cristal. Des rochers hardis se tiennent à l'entour. Mais le bassin de la source forme une jolie baignoire, exposée dans une atmosphère tiède et lumineuse. Sans la sueur qui ruisselait de mon front, j'aurais cédé à la tentation de me plonger dans cette eau claire et pure. Dans le désert nous venons de marcher plusieurs jours sans voir d'eau, de source ni de puits. Vers l'altitude de

1,400 mètres, j'ai découvert une paroi de rocher lisse comme un miroir, sur une surface d'environ trente mètres carrés. Pour le coup, c'est bien un poli glaciaire tout frais et intact, en parfait état de conservation, avec les cristaux de feldspath coupés comme au rabot, avec des stries et des sillons présentant leur éclat primitif. Les variations de température ont diminué d'intensité à cette hauteur et ne délitent plus la roche comme au pied de la montagne, dans une zone plus basse. Le col qui termine le couloir ou la cheminée, entre la cime principale et la dent voisine à l'Ouest, se trouve à 1,900 mètres d'altitude. Au sommet même, point culminant de toute la crête, appelé el Madhawwa, *le Phare*, par les Arabes, l'aiguille de mon baromètre anéroïde descend à 592,5 millimètres, correspondant à 2,050 mètres de hauteur, le 0 de l'échelle ayant été réglé, au niveau de la mer Rouge, à 754 millimètres de pression, près du Raz Abou Zenime, après une tourmente de simoun. Ce jour-là, le 8 mars, à 7 heures du matin, la pression atmosphérique réduite à la température de 0° à l'Observatoire du Caire était de 754,2 millimètres, contre 756,9 le 11 mars à midi, moment de mon observation au sommet du Serbal. A l'Observatoire d'Alexandrie, la hauteur du baromètre était de 760,7 avec une température de 16° le 11 mars à 9 heures du matin et de 755,4 millimètres le 8 mars à 9 heures du matin également, la température étant à ce moment de 16°5 centigrades.

Que vous dirai-je de mes impressions après mon arrivée au sommet de la montagne ? Malgré la magnificence du panorama déployé devant nous, après cinq à six heures de grimpades, mon premier soin a été de m'asseoir afin de souffler à l'aise. Salami, un des deux guides, tira un coup de carabine en l'air pour célébrer le succès de l'ascension. Puis nous nous mîmes à déjeuner, réservant les manifestations d'enthousiasme pour après la sieste. Disposition peu poétique, n'est-ce pas, à l'arrivée sur ces hauteurs

sublimes ? Tel est notre organisme humain, que la poésie
et l'enthousiasme subissent les atteintes de la faim et de la
fatigue : l'âme ne peut faire abstraction du corps dans
l'homme vivant. Pourtant le spectacle au haut du Serbal
ne le cède à aucun autre sommet de montagne pour la
grandeur. La perspective est simplement splendide. Toute
l'Arabie Pétrée s'étale à vos pieds, avec les détails de son
relief, visibles grâce à l'admirable transparence de l'air,
avec ses montagnes arides et ses déserts sans eau, avec les
découpures de ses côtes depuis Suez jusqu'à Akaba, entre
les deux bras de la mer Rouge, avec le plateau de Tih, les
hauteurs de Petra et la chaîne littorale d'Afrique baignée
par le Nil. On distingue nettement le Djebel Katherine et
le Djebel Mouça, où je monterai dans quelques jours. Dans
un creux du Serbal, exposé au Nord, j'ai vu de la neige.
Au sommet de la crête, à midi, le thermomètre, tourné en
fronde, marquait 8° centigrades sous un ciel lumineux,
sans nuage, parfaitement serein. Ce sommet principal,
comme les quatre autres pointes de la crête, s'arrondit en
coupole, avec un petit monument de pierres brutes. Un
peu au-dessous de la coupole, des cavernes en hémis-
phères s'ouvrent dans le rocher des deux côtés opposés,
pareilles aux cavités des blocs erratiques d'en bas. Est-ce
le *creux de la pierre* où le Seigneur a ordonné à Moïse de
se tenir au moment « du passage de sa gloire » sur la cime
du Sinaï ?

Si le Serbal était réellement le mont Sinaï, Moïse aurait
été un fameux grimpeur, digne d'être proclamé membre
honoraire de notre Club alpin. Car pour monter deux fois
en un jour à ce sommet, comme l'indique le texte biblique
dans la relation de la remise des Tables de la loi, il faut
avoir eu de solides jarrets et des poumons éprouvés. A côté
d'une des cavernes, j'ai ramassé une mâchoire de mouton.
Les Arabes, paraît-il, viennent encore faire des sacrifices
sur la montagne, consacrée peut-être naguère au culte de

Baal, et qui se présente bien encore maintenant, avec son caractère de grandeur incontestable, comme un trône de Dieu. Un foyer à l'intérieur du cercle de pierre, sous la coupole, montre encore des traces de feu. Faut-il conclure du nom arabe de Madhawwa, *le Phare*, donné au sommet, que celui-ci a servi pour les signaux comme certains rochers des Vosges, les anciennes vigies du Wachstein, du Mænnelstein, du grand Honack, en Alsace? Beaucoup d'autres sommets des montagnes de la péninsule sinaïque portent également des traces de foyers et de feux. Une ligne régulière de signaux pareils semble avoir existé le long de toute la route d'Égypte en Syrie, établie à défaut de télégraphe électrique. En ce qui concerne l'étymologie du nom de Serbal, mes connaissances en linguistique ne me permettent pas de hasarder une opinion personnelle. E. H. Palmer, page 179 du premier volume de son ouvrage *The Desert of the Exodus* (Cambridge, 1871), conteste toute réminiscence du dieu Baal et attribue au mot la signification de chemise, employé par les écrivains arabes comme métaphore pour désigner une masse d'eau tombant pardessus des rochers arrondis à surface lisse, comme la coupole du sommet ; expression analogue sous ce rapport à notre terme de nappe d'eau et sans aucune relation avec le culte du Baal païen : « *Now, the word Ba'al contains the very impracticable Semitic consonant'ain, which — however insignificant it may sound to European ears — could never drop out or be confounded with the simple a of the word Serbal.... The word, in fact, signifies « a shirt » and is often metaphorically employed by Arabic writers to describe a large body of water pouring over such smooth rounded surfaces as those of which the summit is composed, and is exactly analogous in this respect to our own expression « a sheet of water ». Thus does the very philology to which it appeals prove fatal to this attractive and plausible theory. Men are too apt, alas ! to confound the overthrow of their own theories with a denial of the facts themselves which they have taken so much trouble to assert.* »

Sans contredit, le Serbal est la plus imposante de toutes les montagnes de la péninsule sinaïque. Si plusieurs autres sommets atteignent une altitude absolue plus considérable, aucun ne s'élève ainsi d'un seul jet et ne présente une pareille différence de niveau entre son point culminant et sa base. Le Djebel Katherine, la plus haute de ces montagnes, mesure une élévation de 2,602 mètres, et le Djebel Mouça a 2,244 mètres. Mais l'altitude du couvent du Sinaï et celle du monastère abandonné d'El Arbaïn, au pied de ces deux sommets, vont de 1,527 à 1,712 mètres, en sorte que la différence de niveau entre la base et le sommet se réduit à 700 et 900 mètres pour la hauteur relative des deux montagnes, contre 1,400 mètres pour le Serbal, dont le point culminant dépasse 2,050 mètres, tandis que l'oasis de Feïran avec ses palmiers est seulement à 600 mètres au-dessus de la mer. Des précipices béants et de profondes crevasses séparent les cinq pointes de la crête du Serbal. Le versant méridional s'abaisse presque sans interruption sur les plaines unies du désert d'El Ga'ah, avec un accès beaucoup plus difficile des sommets que par le versant Nord, où l'ascension est plus fatigante que dangereuse. Tandis que le ouady Aleyat, par où je suis venu, aboutit du côté de l'Est, le ouady Adjeleh descend à l'extrémité Ouest du versant septentrional. Un interprète des inscriptions du Sinaï a cru reconnaître dans le nom d'Adjeleh une allusion au veau ('Ejl), adoré par les Israélites lors de l'Exode, et en a tiré un argument spécieux pour identifier le Serbal avec le Sinaï. En réalité, ce mot signifie *hâte* ou *rapidité*, et si vous demandez à vos guides bédouins pourquoi le ouady Adjeleh s'appelle ainsi, ils répondent unanimement : « Parce que c'est le chemin le plus prompt pour aller à Tor », ce qui est la vérité.

Avant de quitter le sommet du Serbal, j'ai déposé dans la grotte ouverte au Nord une bouteille avec ma carte de visite et la date du 11 mars 1886, à midi, plus le nom de mes deux guides Salami et Mansour. Ces Bédouins du Sinaï sont de bonnes gens, durs à la fatigue et serviables, quand la tentation ne leur vient pas de vous tordre le cou, comme ils l'ont fait à ce pauvre capitaine Palmer, précipité au bas du Djebel Bischr, il y a six ans, pour être dévalisé, après avoir témoigné à ses gens une confiance excessive. Dieu merci, nous n'avons pas eu, pendant tout le cours de ce voyage, à nous servir de nos armes pour nous défendre contre une attaque quelconque, en sorte que nous rentrerons à la maison sans la moindre action d'éclat à signaler dans notre rapport. Parmi les plantes grasses, odorantes et piquantes, qui composent la petite flore de la cime du Serbal, je cueille quelques échantillons pour mon herbier. Puis nous redescendons par où nous sommes venus, plus légèrement et plus vite, sans atteinte de vertige. A 3 h. de l'après-midi, la source du Serbal, claire et agréable comme lors de la montée, marque 17° de température, l'air étant à 15°5, vers 1,250 mètres d'altitude d'après le baromètre. Dans le vallon latéral de Nakheleh, qui descend des précipices au pied de la grande montagne sur la droite du ouady Aleyat, on distingue, entre les blocs accumulés des moraines, les traces d'un ancien chemin qui se rend par-dessus la ligne de faîte dans le ouady Adjeleh. Une succession d'inscriptions, analogues à celles que j'ai déjà signalées, se trouve le long du chemin, dont se détache un petit sentier allant à la pointe d'About Schaya, point culminant de ce promontoire. Une des cimes du versant ouest de la vallée porte les ruines d'une construction antique, probablement un fort, élevé sur une coupole de granit blanchâtre, appelée Soulla.

Peut-être ce dernier point est-il le Djebel Latrum mentionné par Robinson dans son Journal d'un voyage en

Palestine et dans les pays limitrophes. Les moines chrétiens de la contrée s'y seraient réfugiés pour échapper aux
atteintes des Sarrasins. Que cette assertion soit vraie ou
non, la position se prête bien à la défense. Outre les restes des murailles, il y a des pierres entassées artificiel-
lement au bord des précipices, prêtes à être roulées sur
les assaillants en cas d'attaque. On voit aussi des cons-
tructions en ruines, des fondations de murs et des décom-
bres sur la terrasse de Sigilieh, habitée naguère, à
1,500 mètres d'altitude, sur le versant méridional du Serbal, ainsi que la base du Béthat Oum-Tacheh. Au bout
de la gorge de Rimm, dont rien dans nos montagnes des
Vosges n'égale les déchirements et la sauvage grandeur,
le professeur Fraas décrit des grottes occupées par les
ermites d'autrefois dans l'intérieur des blocs erratiques
de granit, comme ceux que nous avons signalés dans le
ouady Aleyat. C'est le granit à feldspath rouge qui constitue la masse du Serbal, alternant avec des bancs de
gneiss et traversé surtout par une quantité de dykes ou de
filons dioritiques plus ou moins épais. Ces filons de diorite dessinent des bandes verdâtres sur le fond rouge du
granit. Beaucoup plus résistants et plus durs que le granit à feldspath décomposé, ils forment la pointe des
crêtes. Sous l'effet de la décomposition du feldspath, le
granit se délite et s'égrène sous les pieds, surtout sur le
versant sud-est.

Lors de son ascension, le 30 décembre 1864, Oscar
Fraas, qui a rapporté de bonnes observations sur la géo-
logie du pays, observations publiées dans son livre : *Aus
dem Orient*, Stuttgart, 1867, a quitté le ouady Selaf à 5 h.
du matin, avant le lever du soleil. Il était accompagné de
deux guides bédouins et remonta le vallon latéral d'Oum-
Tacheh par-dessus des blocs erratiques de gneiss et de
porphyre. Vers 9 h. 30 min. les voyageurs atteignirent la
sauvage gorge de Rimm, grimpant de rocher en rocher,

suivant de préférence les crêtes de diorite dures et résis-
tantes au milieu du granit en décomposition. A des dis-
tances assez grandes apparaissent quelques groupes de
palmiers arrosés par des sources, avec des buissons de
jassur, où les Arabes coupent des *cannes de Moïse*. La terrasse de Sigilieh, atteinte à midi, est entourée de hautes
parois rocheuses en amphithéâtre, ouvertes seulement vers
l'Ouest, au-dessus de précipices vertigineux donnant vue
sur la mer Rouge et les montagnes lointaines de la côte
d'Afrique. Tout autour de l'amphithéâtre se dressait la
muraille, l'enceinte des cinq pics du Serbal, deux vers
le Sud, trois dans la direction du Nord et du Nord-Est.
Une tentative de gravir le groupe rapproché du Nord ne
réussit pas. Fraas dut revenir avec ses hommes, en glissant plutôt qu'en marchant, sur les pentes inclinées de
20 à 30 degrés, souvent au péril de sa vie. Ayant essayé
d'escalader un des sommets du Sud, il y parvint vers 1 h.
30 min. après-midi, en s'accrochant à un dyke de diorite.
Le sommet atteint était un des moins élevés du groupe,
formé par un filon de diorite. Le savant géologue compta
depuis son poste d'observation 45 pointes dioritiques dans
un cercle de mille mètres environ. Sous l'effet de la décomposition du granit, prolongée pendant des siècles et
des siècles, les filons plus résistants de diorite finissent
par faire saillie. Dans son journal, Fraas célèbre l'heure
passée au haut de la montagne comme une des plus belles
de sa vie, dans la pleine acception du mot. Heure incom-
parable, qui se présente une seule fois dans une existence
humaine et compense largement les peines de la journée :
« Je me rappelle encore avec un certain frisson l'effrayante
gorge de Rimm, dans laquelle il fallut se laisser glisser,
plutôt que grimper, par-dessus les parois croulantes de
granit, en s'accrochant de la main aux aspérités des filons
de diorite, au risque de la vie chaque fois que l'on mettait
le pied sur un bloc, qui menaçait de se détacher sur la

nous serions montés par ce chemin qui va le long du côté Sud et Est du Serbal. En somme, la montagne a cinq sommets : les deux plus élevés sont celui à l'Est, que j'ai gravi, et un autre immédiatement à l'Ouest de celui-là. Ceux-ci s'élèvent comme des pains de sucre et se reconnaissent de loin sur le chemin du Caire. Le rocher oriental, qui d'en bas paraît pointu comme une aiguille, porte, en haut de sa pointe, une plate-forme d'environ cinquante pas de tour. Il se trouve là un tas de petites pierres libres, qui forment un cercle d'environ douze pas en diamètre et de deux pieds de haut. Juste sous la pointe, je trouvai sur chaque bloc à surface lisse des inscriptions, qui étaient la plupart indéchiffrables... Entre quelques-unes des masses pierreuses se trouvent de petites cavernes, qui sont pourtant assez vastes pour recevoir quelques personnes. Sur les parois de celles-ci se trouvent beaucoup d'inscriptions semblables à celles déjà signalées. » Le sommet atteint par Burckhardt n'est pas celui du milieu, le plus élevé du groupe, pour lequel j'ai trouvé l'altitude de 2,050 mètres, concordant avec les observations de l'expédition anglaise de l'*Ordnance Survey*.

Rüppell, qui a fait l'ascension du Serbal en 1831 et l'a décrite dans la relation de son voyage en Abyssinie, *Reise in Abyssinien*, page 186, trouva au sommet une enceinte circulaire de rocher, dont son guide s'approcha respectueusement, comme d'un lieu saint, pour y faire sa prière après avoir ôté ses souliers. Plus tard, cet homme raconta au voyageur allemand qu'il avait, à deux reprises, sacrifié sur le sommet un mouton en action de grâces, la première, après la naissance d'un fils, la seconde, après la guérison d'une maladie. J'ai moi-même ramassé une mâchoire de mouton sur le sommet du milieu, ce qui semble indiquer de nouveaux sacrifices plus récents.

Dans ses *Briefe aus Aegypten, Aethiopien und der Sinaï-Halbinsel*, page 330, Lepsius décrit son ascension comme suit : « Le 27 mars, nous nous levâmes de bonne heure pour gravir la montagne. Le vrai chemin du Serbal, Derbes-Serbal, conduit à la montagne du ouady Firan par le ouady Aleyat. Nous dûmes contourner l'extrémité sud-est de la montagne pour l'escalader par derrière, au Sud, parce qu'il eût été beaucoup au-dessus de nos forces de gagner la hauteur par la gorge de Rimm, qui descend rapidement et en ligne droite entre les deux sommets de l'Est. A un quart d'heure au-dessus de notre campement, nous arrivâmes à une source ombragée de nebek, de hamada et de palmiers, et dont l'eau fraîche et pure était murée à plusieurs pieds de profondeur. Puis nous passâmes de nouveau par-dessus une petite arête de montagne, sur laquelle se trouvaient plusieurs anciennes maisons de pierres, dans une autre branche de la vallée de Rimm (Rim el mehasni), et arrivâmes après une heure et demie à l'angle sud-est de la montagne. Depuis là nous suivîmes un chemin tracé dans le rocher, présentant même par places des murs de soutènement. Celui-ci nous conduisit sur une terrasse bâtie et un mur, restes, paraît-il, d'une maison détruite, et près d'une source fraîche, ombragée de hauts roseaux, de palmiers et de buissons de jassur ; toute la montagne est revêtue ici de habak et d'autres herbes odorantes. Quelques minutes plus loin, nous arrivâmes à plusieurs cavernes, qui ont servi naguère de cellules d'ermites, et, après une marche d'environ quatre heures, nous parvînmes à un plateau, étendu entre les sommets, où nous rencontrâmes de nouveau une maison avec deux pièces. Un chemin nous conduisit par-dessus cette plaine au bord du côté occidental de la montagne, qui tombe sur la plaine sablonneuse d'el Ga'ah par un versant d'abord escarpé et sauvage, puis avec des contreforts larges et plus doux, ouvrant une vue magnifique sur la mer vers la rive opposée et sur la chaine de montagnes égyptiennes qui la limite. A partir de là, le sentier rocheux s'enfonça rapidement par la paroi déchirée de la montagne dans un bassin sauvage et profond autour duquel les cinq sommets du Serbal se réunissent en demi-cercle en une puissante couronne. Au milieu de ce bassin, appelé ouady Çikelji, sont situées les ruines d'un ancien couvent, auquel conduit le sentier, mais que nous ne pûmes visiter à cause du manque de temps.

« Je revins de là par-dessus le plateau et commençai ensuite à gravir le plus méridional des sommets du Serbal. Lorsque j'eus déjà atteint à peu près la hauteur escarpée, je crus remarquer que le second sommet était encore plus haut, ce qui me fit redescendre pour chercher un chemin pouvant mener à ce dernier. Nous passâmes près d'un petit ruisseau et dûmes contourner presque tout le bassin ; nous réussîmes enfin à gravir la pente par le côté nord-est. Ici je trouvai, à ma surprise, entre les deux pointes entre lesquelles se fend le sommet, un petit vallon bien couvert de buissons et d'herbes, par lequel je montai d'abord sur l'un des sommets, puis sur l'autre pour fixer avec mon guide la position, par rapport à l'aiguille aimantée, de tous les points dignes de remarque qui se faisaient voir dans un vaste horizon. Notamment, je pus reconnaître nettement comment, de l'autre côté du Djebel Mouça, les sommets des montagnes montaient toujours plus haut, et que le lointain Oum Schomar s'élevait par-dessus tous les autres. »

Les ruines du couvent de Çikelji (Sigillieh) ont été visitées et décrites par Palmer et ses compagnons, après la première visite de Fraas. Autrefois, un chemin praticable aux chameaux conduisait au refuge du couvent ; mais les débordements des eaux torrentielles l'ont en partie détruit. Pour un homme bien chaussé, la montée du ouady er Rimm, par-dessus des pierres à arêtes vives, est extrêmement pénible. La grandeur imposante du paysage rachète toutefois et compense les fatigues de la marche. Dans le haut, la tête des voyageurs était dominée par un rocher d'une élévation verticale de 1,200 pieds. Derrière eux se trouvait un sommet énorme à surface unie, le Djebel Schinenir, extrémité ou contrefort oriental du Serbal. Le seul chemin pour descendre la vallée s'enfonçait dans un couloir ou dans une gorge à pente rapide, au fond recouvert de blocs éboulés, de pierres mouvantes et de gravier trompeur. Telle est l'inclinaison, qu'une pierre jetée d'en haut roule sans obstacle, avec un bruit terrible, en soulevant des nuages de poussière. A angle droit du chemin suivi par Palmer s'étendait le ouady Çikelji, mais le sol raboteux de l'entrée de la vallée et le large plateau de son côté ouest, découpé en cent gorges et trous, étaient seuls visibles. Un peu plus loin vient l'ancienne route en gradins formés par des blocs de granit ajustés. Sur une longueur d'une demi-lieue, la voie a été détruite par les eaux torrentielles. Arrivés au bas toutefois, les voyageurs anglais trouvèrent une chaussée admirable, bien conservée : *an admirable constructed road, quite a model of engineering skill.* Puis vient une colline suivie d'une gorge plus sauvage et plus belle que la première, avec d'anciennes cellules d'anachorètes et les murs de clôture de petits jardins. Enfin, une troisième vallée se présente, au fond couvert de palmiers et de joncs. Vers le Sud s'étend le ouady Çikelji, et, au-dessous du chemin creux suivi par l'expédition, dans le lointain, le brûlant désert d'El Ga'ah. Impossible d'imaginer un lieu de refuge plus sauvage, plus séparé du monde. La végétation abondante dans le lit du ouady et l'isolement de cette retraite en font l'idéal d'une vallée heureuse pour les Bédouins. Selon Palmer, les inscriptions tracées sur les rochers seraient l'œuvre des cénobites, pères du désert, des premiers siècles de notre ère. Un Bédouin, bon marcheur, peut aller en quatre à cinq heures de l'oasis de Feiran au couvent de Çikelji ; et, pour atteindre la mer depuis là, il faut une petite journée. Probablement la route dont les tronçons encore conservés viennent d'être signalés, reliait Der Çikelji à l'antique Pharan.

Voilà en somme les renseignements que les voyageurs qui nous ont précédés nous ont fournis sur le Serbal et sur ses abords. Lors de mon ascension, je n'ai pas eu occasion d'entendre « les sons pénétrants qu'émettent les sables cristallins en mouvement », pas plus que je n'ai pu percevoir dans la plaine de Thèbes la voix des statues de Memnon. Un des couloirs de la montagne porte le nom de Djebel Nakous, la *montagne des cloches,* parce que les Bédouins prétendent y avoir entendu le son des cloches d'un couvent fantôme à l'intérieur du Serbal. Souvent, dit-on, les passants perçoivent là un son délicieux, tantôt faible comme celui d'une flûte lointaine, tantôt plus fort comme celui d'un orgue rapproché. Suivant l'ardeur du soleil, l'humidité de l'air et de la terre, la quantité de sable qui se détache, la force de la brise qui accélère ou ralentit les sons, la musique semble un soupir harmonieux ou comme la voix mugissante de la montagne. Quand je suis descendu par la gorge des Figuiers, il y avait calme plat et aucun de ces concerts n'est venu charmer mon oreille.

Par contre, le débouché du ouady Aleyat, où M. Vélin est venu à ma rencontre dans la soirée, m'a rappelé les scènes bibliques du temps de Jéthro sur la terre de Madian. Des troupeaux de moutons et de chèvres paissaient les herbes aromatiques au milieu des rochers, gardés par de petits bergers au maintien déjà grave, vêtus d'une chemise et un bâton à la main. Au déclin du jour, quand les troupeaux rentrent au campement et que les clochettes font entendre de loin leur tintement sonore, les agneaux bondissent comme pris de folie et courent à leur mère en bêlant. Le matin, les animaux viennent se placer devant les tentes noires, en poil de chameau, pour attendre le commandement du départ vers les pâturages de la montagne. Cheik Mouça, le patriarche, grand chef des Bédouins Touarahs, vint nous offrir un mouton en cadeau, nous invitant en même temps à visiter sa tente. C'est un personnage fort respecté et respectable, je n'en doute pas. Possesseur de dix chämeaux, outre les troupeaux de moutons que nous venons de voir, propriétaire d'une maison dans la montagne, avec des matelas et plusieurs tentes pour ses pérégrinations, il passe pour riche et est considéré en conséquence. En grand seigneur, fidèle aux traditions orientales, Cheik Mouça a voulu nous retenir pour dîner chez lui. La fatigue du jour et la perspective de longues courses pour le lendemain m'ont fait décliner cette offre. Du moins avons-nous accepté le café au campement.

Figurez-vous une vingtaine de tentes en feutre noir dressées à hauteur d'homme, avec des branches d'arbres pour piquets, alignées en rang tout droit. En l'honneur des hôtes, on déroule de grands tapis dans la tente principale. Point d'autre ameublement d'ailleurs. Par conséquent absence de chaises. Pour s'asseoir, chacun s'accroupit, les jambes croisées à la manière de nos tailleurs. Malgré toute la bonne volonté possible, je réussis mal à me plier à cet exercice. Que voulez-vous ? avec l'âge mes articulations perdent leur souplesse d'autrefois. Pendant notre entretien avec le bon cheik et les notables de sa société, les gens de la maison, je veux dire de la tente, préparent le café à la façon arabe. Les fèves sont d'abord torréfiées, puis mises dans un pot en terre et moulues au moyen d'un bâton tourné avec la plus grande rapidité possible. Ce produit est mis en infusion dans la cafetière, dans laquelle on a fait préalablement bouillir de l'eau avec du sucre. Tout ce qui reste attaché de poudre au premier vase est enlevé au moyen d'une brosse en fibres de palmier. Après quoi l'amphitryon enlève la cafetière du feu et, après avoir lavé les jolies petites tasses appelées *findjans*, boit d'abord une gorgée de la première tasse, suivant l'usage consacré, pour l'offrir ensuite à ses hôtes. Une fois le café pris, le maître allume solennellement son tchibouk, nous nos cigarettes, en faisant un bout de conversation traduit par notre drogman. Le café pris a été excellent, et bien supérieur à l'infusion de succédanés que nous servent les sommeliers bien frisés et en habit noir dans les stations de chemins de fer sur la route de Strasbourg à Berlin. Pendant la causerie sous la tente, une jeune chèvre, curieuse apparemment de montrer sa gentillesse aux hôtes étrangers, vint s'installer sur le tapis à côté de moi. Pauvre petite, n'étant pas invitée, elle s'est trouvée aussitôt, non pas mise à la porte, mais expulsée sans autre cérémonie par un des convives qui soulève pour cette opération le feutre au fond de la tente. Volontiers j'aurais accepté le dîner sous la tente, sans les effets d'une marche de dix heures dans les mollets. Pour cette fois donc nous remercions Cheik Mouça de son aimable attention, et nous nous retirons après avoir souhaité à notre hôte mille félicités, avec le vœu qu'Allah bénisse sa tente et ses troupeaux.

II

DJEBEL MOUÇA ET RAZ SAFSAFEH

Le lendemain de mon ascension au Serbal, notre petite caravane s'est arrêtée dans le ouady Selaf, puis nous avons dressé nos tentes au pied du Raz Safsafeh, en vue du couvent du Sinaï. Venus par le défilé de Nakb-Hava, le *défilé des vents*, tandis que les chameaux de charge ont dû suivre la voie moins courte, mais plus facile, du ouady Esch-Cheik, nous avons débouché à travers la vallée haute d'Er-Raha. Au fond d'un cirque, entouré de montagnes aux parois abruptes, qui semblent s'élever jusqu'au ciel comme des murailles gigantesques, l'antique monastère apparut perdu dans l'ombre. Pourtant il n'était pas encore

4 h. après midi. Cet aspect vous fait une impression de désolation. Des cyprès noirs élèvent leurs pointes sombres au-dessus des murs du jardin claustral, et une volée de corbeaux tournoie autour avec des croassements lugubres. Point d'autre verdure d'ailleurs que la couronne de quelques arbres fruitiers derrière les murs gris. Toutes les pentes des montagnes granitiques, autour du couvent, présentent des tons ternes, d'un gris un peu plus foncé dans l'ombre, plus clair sur les cimes encore éclairées par le soleil. Ajoutez un souffle froid, vous fouettant le visage, après les ardeurs du jour en pleine lumière. Ce site âpre, où le monde semble finir, transi, sans vie, m'a tout d'abord rempli d'une indicible tristesse. Encore si un filet d'eau courante glissait à travers la gorge profonde, entre les grands blocs de pierres entassées, mêlant son murmure ou ses susurrements à la plainte du vent sous les escarpements vertigineux, le mouvement du ruisseau ou son bruit animerait la solitude. Mais il n'y a rien, rien qui se meuve et qui vive, sinon les corbeaux noirs, dont le cri sinistre éclate par moments, semblable à un appel de la mort. Tel se montre le Sinaï au voyageur qui vient du désert.

Aussitôt arrivés, nous avons fait une visite au couvent de Sainte-Catherine afin de présenter notre lettre d'introduction de la part du patriarche grec du Caire. Les moines nous ont bien accueillis, quoique célébrant l'office des vêpres. Ils nous ont offert l'hospitalité chez eux ; mais nous avons préféré coucher sous la tente. Leur supérieur parle allemand, et l'un de leurs hôtes actuels sait le français. C'est Photios, élu patriarche grec à Jérusalem, maintenant exilé au Sinaï. M. Velin a fait son portrait ; vous le trouverez plus tard dans le *Tour du Monde*, ainsi que nos photographies du couvent, que nous ne pouvons décrire ici, avec les détails voulus. Malgré tout l'intérêt attaché au sanctuaire, dont nous avons fouillé tous les recoins, depuis la bibliothèque jusqu'à la chapelle du Buisson ardent, où, suivant la tradition des moines, Dieu a parlé à Moïse, je me bornerai à vous raconter ma double ascension au Djebel Mouça et au Raz Safsafeh, où je suis monté le 15 mars. Le Safsafeh et le Djebel Mouça disputent au mont Serbal l'honneur d'être la montagne de la Loi, le vrai Sinaï.

Pour ces ascensions, nous avons décidé la veille de quitter notre campement à 6 heures du matin. De fait, et par suite des lenteurs inséparables de toute entreprise en Orient, il est 7 heures sonnées au moment où nous sortons de la porte du couvent, qui ouvre sur l'escalier des Pèlerins. Ce que l'on appelle l'escalier des Pèlerins est le sentier tracé depuis des siècles pour gravir la montagne de Moïse ou Djebel Mouça. Pococke y a compté 3,000 marches, beaucoup plus que le grand escalier de l'île de Capri, dans le golfe de Naples. Malgré le nombre de marches, l'ascension du Djebel Mouça est beaucoup plus facile que celle du Serbal. D'abord, la hauteur à escalader est moins grande, car le couvent de Sainte-Catherine se trouve déjà à l'altitude de 1,528 mètres, plus que le sommet du Grand Ballon, montagne la plus élevée de nos Vosges, tandis que l'altitude du sommet atteint 2,244 mètres ; puis les touristes sujets au vertige, et qui trouvent les marches trop raides, peuvent monter par un chemin carrossable établi par ordre du khédive Abbas-Pacha. Ce vice-roi d'Égypte, désireux de s'élever au Sinaï en voiture, a fait construire le chemin qui part du ouady Chouaïb, le vallon de Jéthro, en avant du couvent et près de notre campement, au pied du Raz Safsafeh. Abbas-Pacha a été assassiné avant l'achèvement de son ouvrage. Mais la partie achevée du chemin est tout à fait commode : ses lacets à pente régulière se prêtent même à une promenade au clair de lune pour quiconque veut aller voir le coucher du soleil au haut de la montagne.

Conduits par Manöli, un frère lai du couvent, accompagné en outre d'une demi-douzaine de Bédouins Djebelieh, jeunes et vieux, nous sommes donc montés par l'escalier des Pèlerins. Les marches de cet escalier ne présentent pas une disposition régulière et peuvent être considérées comme un véritable casse-cou pour le cas de descente au clair de lune. Elles s'accrochent à la paroi nue du granit, suspendue au-dessus du couvent, en s'élevant suivant un tracé tourmenté. Autant que possible, les facilités naturelles de la muraille rocheuse ont été mises à profit, et la main de l'homme n'est intervenue que pour rendre le sentier praticable sur les points où l'escarpement devient trop raide. D'anciens écrivains attribuent l'établissement de ce chemin à l'impératrice sainte Hélène. Peut-être son origine date-t-elle du vi^e ou du viie siècle seulement, après la construction du couvent par ordre de Justinien. Une petite source, dont le débit ne varie pas, ni en été ni en hiver, se présente après 20 minutes de montée. Je lui ai trouvé une température de 11°, entre 7 et 8 heures du matin : au campement à 6 heures, le thermomètre marquait 5° centigrades à l'air. A en croire les Arabes, Moïse doit y avoir abreuvé les moutons de son beau-père Jéthro, qu'ils appellent Chouaïb. De leur côté, les moines prétendent, au contraire, que la source a jailli du rocher sur la prière du saint abbé Sangarius, à une époque où les fontaines du couvent étaient taries. L'eau de la source aurait aussi la vertu de guérir miraculeusement les yeux malades, ni plus ni moins que notre fontaine de l'Odilienberg en Alsace.

Un peu plus haut se présente une chapelle ancienne consacrée à la Vierge et illustrée par une autre légende. Sans intention d'irrévérence, je me permets de vous redire cette légende telle que je l'ai entendu raconter. Après la construction du couvent, il y a bien longtemps de cela, les moines du Sinaï se trouvèrent tellement tourmentés par la vermine, par les puces, qu'ils décidèrent d'abandonner leur monastère. Pensez s'il a fallu les morsures de beaucoup de petites bêtes pour motiver une pareille résolution ! Or, tandis que tous les religieux montaient en procession au haut de la montagne sainte, afin de prendre congé des lieux vénérés, la Vierge Marie se serait montrée à eux sur le rocher où s'élève maintenant la chapelle. L'apparition leur promit de les délivrer de la torture des insectes, après leur avoir ordonné de rentrer au couvent. Les moines obéirent. Et, chose merveilleuse ! toutes les puces avaient effectivement disparu, quand ils rentrèrent. Serai-je irrespectueux en ajoutant que certains voyageurs attestent avoir senti, en couchant au monastère, pendant la saison chaude, que la vermine émigrée y est revenue depuis ?

Montant toujours, nous franchissons, au-dessus de la chapelle Notre-Dame, une petite gorge, marchant tantôt sur le roc vif, tantôt sur des degrés artificiels. Après la gorge se présente un espace clos, avec une porte à l'entrée et à la sortie une autre porte, toutes deux à plein cintre, en maçonnerie, pareilles à de petits arcs de triomphe. Autrefois, lors des grands pèlerinages venus de Russie, les moines du couvent se tenaient sous ces portes, pour tenir à distance les pécheurs et les impénitents. Les pèlerins chrétiens demandaient la communion au haut de la montagne sainte. Ils présentaient à la première porte un billet de confession reçu au couvent, et obtenaient en échange un permis les autorisant à passer par la seconde porte. Le passage était sévèrement interdit aux Israélites. Félix Faber, religieux dominicain d'Ulm, qui visita le Sinaï en 1483, avec Breydenbach et le comte de Solms, venant de Terre-Sainte, rapporte entre autres, dans la relation de son pèlerinage, comme quoi un Juif déguisé voulut franchir la porte et se trouva arrêté sur le seuil, frappé de terreur. Au moment de passer, il vit devant lui le divin crucifié qui lui défendit d'aller plus loin et paralysa ses membres. S'étant fait baptiser toutefois, afin de mourir en chrétien, le fils d'Israël se trouva guéri et put passer comme les autres pèlerins.

Non loin de la seconde porte, une dépression de la montagne forme un petit bassin à fond plat. Une pièce d'eau, retenue par un mur, s'y trouve à côté d'un jardin. La surface de l'eau est verdâtre, probablement sous l'effet d'une coloration produite par de petites algues ou des conferves. Dans le jardin, nous voyons un arbre dépouillé de ses feuilles et un grand cyprès à la cime élancée. Au printemps, une végétation assez vigoureuse se développe ici et étale, sur la terre maintenant nue, un tapis de verdure, chose rare dans les déserts de l'Arabie Pétrée. Ce jardin suspendu en terrasse s'appelle la plaine des Cyprès. Des rochers à nu de granit rouge et gris le surplombent, pareils aux bastions d'une forteresse. Nous y sommes déjà entre 1,900 et 2,000 mètres d'altitude, beaucoup plus haut que les sommets les plus élevés de nos montagnes d'Alsace. On aperçoit déjà de là le Djebel Catherine, avec de la neige dans ses anfractuosités. La tête arrondie du Djebel Mouça se montre au-dessus des escarpements au Sud de l'amphithéâtre, les dents du Raz Safsafeh au Nord.

Sur la gauche, comme nous gravissons les rochers gris et lisses des flancs du Djebel Mouça, apparaît une petite construction aux murs blancs, qui renferme deux chapelles dédiées aux prophètes Élie et Élisée. Frère Manöli nous ouvre avec une grosse clef les portes de la chapelle et y allume des cierges. L'intérieur est très simple, les murs blanchis à la chaux. Chaque chapelle renferme un autel et quelques icones, tachées par les baisers des pèlerins. Dans la chapelle d'Élie, les moines montrent un creux dans le rocher, où le prophète doit s'être retiré après avoir tué les prêtres de Baal, sur les bords du torrent de Kison. Après avoir erré en fugitif à travers le désert, nourri miraculeusement par un ange, pendant quarante jours et quarante nuits, suivant le récit biblique,

Élie reçut de Jéhovah, le Seigneur, l'ordre de venir sur la montagne de Horeb. Élie y entra dans une caverne, et y passa la nuit. Alors, lisons-nous au chapitre XIX du premier Livre des Rois, la voix de Jéhovah arriva à lui : « Élie, que fais-tu ici ? Et il répondit : J'ai fait du zèle pour Jéhovah, le Dieu des armées, car les fils d'Israël ont abandonné ton alliance, ils ont détruit tes autels et tué tes prophètes avec le glaive, et je suis seul resté, et ils cherchent à me prendre la vie. Mais il lui dit : Sors et tiens-toi sur la montagne devant Jéhovah. Et voici, Jéhovah passa, et en avant de Jéhovah un grand et fort vent déchirant les montagnes et brisant les rochers ; Jéhovah n'était pas dans le vent. Et après le vent, un tremblement de terre ; Jéhovah n'était pas dans le tremblement de terre. Et après le tremblement de terre, du feu ; Jéhovah n'était pas dans le feu. Et après le feu, le son d'un souffle doux. Et il arriva que, lorsqu'Élie entendit ceci, il se voila sa face avec son manteau, et sortit et se tint à l'entrée de la caverne. Et voici, à lui vint une voix, et lui dit : Que fais-tu ici, Élie ? »

Vous connaissez les accords du magnifique oratorio de Mendelssohn, qui ont donné une forme musicale à ce souffle doux arrivé à l'oreille du prophète. Ne pouvant entendre pour le moment cette musique sublime, je ne me suis pas moins remémoré le passage de la Bible, qui apparaît comme l'aube du jour annonçant à l'humanité la charité, la grâce et le pardon. Avec mon bâton de voyageur, j'ai mesuré aussi le creux de la pierre, afin de noter avec mes impressions des observations exactes. J'ai trouvé à la cavité $2^m,5$ de longueur sur $1^m,2$ de profondeur. L'origine et la forme de cette grotte sont les mêmes que celles des grottes au sommet du Serbal. Près de la chapelle croissent aussi quelques touffes d'une plante grasse, odorante, très verte, assez pareille à nos plants de pommes de terre, pour l'aspect et la taille, sinon pour les caractères

botaniques, que notre guide Salami appelle *wouarwour*.
D'après les indications du baromètre, la chapelle d'Élie
est à un peu moins de 2,100 mètres d'altitude : la carte
du Sinaï Survey lui attribue 6,888 pieds anglais. A partir
de là, le sentier devient plus escarpé, sans être dangereux
à la clarté du jour. Environ mille marches restent à gravir.
Sans l'indisposition de mon compagnon, pris de vertige,
nous aurions atteint le sommet en moins d'une demi-heure.
Chemin faisant, je recueille des échantillons de roches de
nuances rouge, grise, verte et jaunâtre. Avant d'arriver
au point culminant, Salami nous montre sur la gauche
du sentier, dans la syénite ou le granit, je ne m'en sou-
viens plus au juste, un petit creux désigné tour à tour
comme l'empreinte d'un pied de mulet, de chameau ou du
prophète Mahomet. Il ne s'agit nullement de la trace d'un
fossile dans cette roche cristalline, et c'est l'explication du
pied du chameau de Mahomet — un Arabe sans accent
étranger dit Mouhammed — qui a le plus de partisans.
D'après une tradition des Bédouins, lors de la visite du
Prophète au couvent du Sinaï, avant sa vocation divine,
son chameau a laissé l'empreinte de son pied dans la
pierre. Suivant une autre légende arabe, la trace en question se serait produite au moment où l'archange Gabriel
aurait enlevé au ciel Mahomet et sa monture : un des pieds
du chameau posait alors à Damas, un autre au Caire, le
troisième à La Mecque et le quatrième au sommet du
mont Sinaï ! Deux fois, le grand législateur musulman
paraît avoir visité la montagne de Moïse ou tout au moins
Bogra. Traditions du Coran et traditions bibliques se
mêlent sur ce sol commun à l'histoire des descendants
d'Isaac et d'Ismaël.

Si nous ne cherchons pas à évaluer l'écartement des
quatre pieds du chameau de Mahomet, lors de sa préten-
due ascension au ciel, du moins pouvons-nous indiquer
la hauteur du baromètre au sommet du Djebel Mouça. Le

15 mars 1886, à midi, la température de l'air étant de 10°
centigrades, notre anéroïde marque 582,2 millimètres,
correspondant à la hauteur de 754 millimètres au niveau
de la mer près du Raz Abou Zenime observée le 8 mars.
A l'observatoire d'Alexandrie, la pression atmosphérique
au baromètre Fortin, réduit à la température de 0, a été de
765,2 millimètres, moyenne des trois observations faites à
9 heures du matin avec 766,9, à 3 heures après midi avec
764,4 et à 9 heures du soir avec 764,2 millimètres. D'après
les levés des capitaines C.-W. Wilson et H.-S. Palmer
exécutés en 1868-1869 pour la carte du Sinaï Survey, le
sommet principal du Djebel Mouça atteint 7,363 pieds
anglais, soit 2,245 mètres d'altitude au-dessus du niveau
de la mer Rouge à Suez. Faite tout doucement, sans nous
hâter beaucoup, l'ascension par l'escalier des Pèlerins ne
nous a pas du tout fatigués, malgré les marches formées
de rochers en blocs disposés les uns au-dessus des autres.
Le sommet présente une petite plate-forme, longue de
quelques pas seulement, avec une chapelle et une mosquée
construites sur le piédestal de granit, où musulmans et
chrétiens adorent le même Dieu. Rien de plus modeste
que la petite chapelle aux murs maçonnés, sans ornements,
desservie par les moines grecs aux jours de fêtes. Quant à
la mosquée, plus délabrée encore, il y a à côté une citerne
et les Bédouins y viennent sacrifier des moutons à la fête
de Çalih, un précurseur de Mahomet, dont le tombeau se
trouve dans le ouady esch-Schèch ; Tischendorf a donné
la relation de cette fête dans un ouvrage (*Reise in den Orient,*
page 251) publié en 1846.

Le panorama du Djebel Mouça, quoique moins étendu
que celui des sommets plus élevés du Djebel Zébir et du
Djebel Catherine, est réellement grandiose et laisse au
spectateur d'ineffaçables impressions. Pour embrasser
depuis un point culminant unique à peu près tout le relief
de la péninsule sinaïque, comme celui de la Sicile du haut

de l'Etna, il faut gagner un de ces deux sommets voisins qui dépasse 2,600 mètres d'altitude. Néanmoins, nous apercevons de notre point d'observation, au rocher de Moïse, le fond du golfe d'Akabah au débouché du ouady Naçb vers l'Est, et dans la direction du Sud-Ouest la mer Rouge formant une bande bleue, enveloppée de brumes blanches. Une partie des montagnes méridionales est masquée par la masse imposante du Djebel Catherine, de l'Abou Roumail et du Zébir, aux parois de porphyre rougeâtre. Tandis que l'Oum Schömer, considéré longtemps comme la principale cime de la presqu'île, disparaît également derrière ce massif à trois pointes, l'arête du Djebel Samchi, parallèle aux bords du golfe d'Akabah, se déploie nettement. A l'entrée du golfe, on devine, plutôt qu'on ne voit, la petite île de Tiran, qui commande l'entrée du détroit de même nom, comme Périm au passage de Babel-Mandeb. De même les dents du Serbal, que le comte de Laborde croit avoir vues depuis ici, paraissent couvertes au Nord-Ouest. Au Nord la perspective est plus étendue et découvre tout le plateau crétacé de Tih, en contraste avec la sombre majesté du Djebel Catherine et présentant sur son rebord une double bande blanche due au reflet des falaises calcaires, éclairées par le soleil. Plus près sous nos pieds, le regard ne découvre ni le couvent de Sainte-Catherine, ni celui d'El Arbaïn, cachés dans la profondeur des gorges. La plaine d'Er-Raha est également invisible. Pourtant une partie de la vallée de Ledja apparaît immédiatement sous le versant ouest du Djebel Mouça, et, du côté opposé, au bas d'escarpements vertigineux, qui paraissent être en surplomb, se développe sur une grande étendue le fond du ouady Es-Sehayjeh, où j'aperçois un campement arabe, avec ses tentes noires en ligne droite.

En attendant, vidons une coupe de champagne, le pétillant vin de France, à la gloire du Très-Haut et de Moïse ! Nos petits Bédouins allument du feu pour préparer le café et Manöli, le frère lai, offre aux assistants un verre de mastic, eau-de-vie préparée au couvent. Chrétiens et musulmans acceptent ces toniques, sans autre cérémonie. Tout en admirant la vue splendide de la montagne, je collectionne quelques échantillons de pierres, je descends par les marches de la citerne à côté de la mosquée, je mesure les dimensions de la grotte devant la chapelle. Cette chapelle repose sur des substructions plus anciennes ; mais les dalles de marbre qui ont dû recouvrir autrefois devant la porte la trace des genoux de Moïse n'existent plus. Dans la grotte, Manöli nous indique l'emplacement de la tête et des épaules du grand législateur, entaillé à l'intérieur de la pierre, alors que passa « la gloire du Seigneur ». Ce creux n'est pas profond et c'est à peine si j'ai pu m'y coucher, un peu perplexe de savoir si Dieu a parlé à Moïse ici ou au Serbal. Probablement ni sur l'un ni sur l'autre de ces deux points, car l'identification de la montagne de la Loi s'applique mieux au Raz Safsafeh, au-dessus de la plaine de Raha. Quant à la citerne à côté de la mosquée, suivant une tradition arabe, Moïse a dû y demeurer, priant et jeûnant, les quarante jours et les quarante nuits pendant lesquels il a gravé les dix commandements sur les tables de pierre, auprès de Jéhovah. Autrefois un bon musulman n'entrait pas dans la mosquée sans étendre à terre l'ihram, manteau consacré dont les pèlerins de la Mecque recouvrent leur corps nu à la visite du tombeau du prophète. Aujourd'hui nos chameliers bédouins se montrent plus tièdes dans la pratique de leur culte, et je ne les ai pas vus se livrer à un acte particulier de dévotion en notre présence.

Sous l'impression des événements mémorables dont ces hauts lieux ont été ou sont présumés les témoins, involontairement l'esprit est porté aux pensées graves. La majesté de la scène saisit le spectateur et le remplit de respect et d'admiration, sans que la solitude du Horeb

l'oppresse. Car le « souffle doux et léger » qui annonce
l'approche de Dieu reste encore dans l'air, en face du ciel
si pur, au sein de l'éternel silence de ces vieux rochers
datant des premiers âges géologiques. Seule, peut-être,
la tempête pourrait rendre plus écrasante la grandeur
d'un pareil site. Et quelle tourmente ç'a été lorsque, suivant le récit biblique (Exode, XIX, 16-18), « s'éleva un
tonnerre avec des éclairs au milieu d'une nuée épaisse
sur la montagne — et tout le mont Sinaï fuma parce que
le Seigneur était descendu sur la montagne avec du feu
et sa fumée monta comme la fumée du four, de telle sorte
que toute la montagne trembla ». Quoi d'étonnant si, en
présence d'une pareille manifestation, « tout le peuple qui
était au campement fut pris d'effroi » ! Une vue d'ensemble, la plus complète de la montagne de la Loi, en confor-
mité avec la teneur des livres saints, est donnée au Raz-
Safsafeh, promontoire avancé, au-dessus de la plaine
d'Er-Raha, dans le bas du massif où je suis allé en des-
cendant de la pointe du Djebel Mouça.

Quiconque ne veut pas suivre l'escalier des Pèlerins
peut monter au sommet du Djebel Mouça par le Sikkit
Chouaïb, par le ouady Ledja, par le ouady Schrèch et la
route d'Abbas-Pacha. Il y aurait ainsi cinq chemins pour
faire l'ascension, si les sentiers mal tracés, des pistes plus
ou moins praticables, dans ces diverses directions, méri-
taient le nom de chemin. La route d'Abbas-Pacha, naguère
carrossable, peut encore être pratiquée par les chameaux.
Elle commence au ouady Chouaïb et traverse le Djebel
Monnadja. Tandis que M. Velin est redescendu du campement par cette voie plus facile, j'ai gagné la pointe du
Raz Safsafeh avec frère Manöli et Salami, le chamelier.
Partis du Djebel Mouça à midi sonnant, nous sommes arrivés à la Plaine des Cyprès en un quart d'heure. Une
demi-heure de plus, en montées et en descentes peu fati-
gantes, par-dessus des rochers granitiques, conduit dans

un dernier vallon dominé par la pointe majestueuse de Raz Safsafeh. Les flancs des rochers sont tous à nu ; les creux seulement présentent quelques plantes odorantes. Dans les vallons, la présence de l'eau donne aussi naissance à une végétation suffisante pour servir de pâturage aux bouquetins de la montagne. Parmi les espèces végétales que je recueille, notons la menthe, le majoran, le djade des Bédouins, appelé ysop par les moines du couvent et mentionné dans la Bible comme servant aux aspersions. Rien de pittoresque d'ailleurs, ni de plus sauvage que l'aspect des trois vallons successifs découpés dans l'arête de la montagne. Nous y avons vu deux masures que Manöli dit être d'anciennes chapelles, consacrées l'une à saint Jean-Baptiste, l'autre à saint Panteleïmon. Il y a aussi les restes d'une ancienne citerne en maçonnerie de main d'hommes, réservoir des anachorètes d'autrefois.

Aux abords du troisième vallon, en avant de la pointe terminale du Safsafeh, nous vîmes sur le sol des traces fraîches de bouquetins. Profitant du vent qui souffle de notre côté, nous avons grimpé avec précaution au haut de la paroi élevée qui enceint le vallon, comme un mur, non sans recommander à frère Manöli de rester assis au débouché de la gorge située au bas. Un instant après, Salami me montre, à travers une fente de la muraille rocheuse, une dizaine de bouquetins broutant paisiblement les herbes aromatiques dans le fond du vallon ouvert devant la dernière pointe de la montagne. Attention donc ! Ces bêtes-là ont le flair très fin. Un magnifique mâle, aux grandes cornes recourbées en arc, fait le guet, le nez au vent et les oreilles dressées, pour veiller comme une sentinelle à la sécurité de la bande. Le sujet me tape dans l'œil en vue du musée des Unterlinden à Colmar. Aussi bien je mets sa tête à prix, avec promesse d'un souverain anglais pour bagchich si nous prenons l'animal. Je n'ai jamais prétendu être un grand chasseur devant l'Éternel.

Pas assez confiant dans la justesse de mon tir, persuadé qu'un Bédouin doit avoir à la fois la main et le coup d'œil infaillible, je renonce à tirer moi-même pour remettre à Salami carabine et cartouche. Stimulé par l'appât du pourboire, Salami paraît bien un peu fiévreux. Mais il assure pouvoir se rapprocher davantage afin d'abattre la proie convoitée à coup sûr. Pour cela, il ôte ses sandales et son manteau. Pareil à un lézard au soleil, il se glisse plus loin contre les rochers. O malheur ! les bouquetins nous ont flairés et détalent. Un coup de feu part, puis un second coup. Coup double il y a eu, mais sans gibier atteint. Tirant moi-même, au lieu du Bédouin, je n'aurais pu faire plus mal que de manquer !

Cette réflexion philosophique me resta comme fiche de consolation de ma mésaventure. Par contre, la bande de bouquetins s'est dérobée et a disparu, Dieu sait où, en nous brûlant la politesse, sans possibilité de la retrouver. Salami m'a bien demandé la permission de courir à la poursuite du gibier pendant que j'escaladerais la pointe du Safsafeh avec frère Manöli. Le pauvre Bédouin pourra courir, sans gagner le prix promis. D'autres chasseurs, mis en campagne par le supérieur du couvent, nous ont rapporté le soir, au campement, un bouquetin tué d'un autre côté, mais égorgé et mutilé d'une si pitoyable façon que sa dépouille n'a pu être empaillée convenablement. Tout au plus ai-je pu rapporter sa tête parée de cornes énormes, après avoir livré les cuissots et le filet au cuisinier pour un rôti. On le sait, le bouquetin du Sinaï, *Ibex sinaiticus*, tede des Arabes, appartient à une espèce distincte de ceux des Alpes et de la Sierra Nevada, en Europe. Cette espèce se trouve aussi dans les montagnes du Liban et autour de la mer Morte, moins rare que ses congénères espagnols et italiens. Nous n'avons pas trouvé sa chair succulente, peut-être à cause de l'imperfection de notre chef de cuisine.

Désappointé par ma malechance cynégétique, je suis descendu dans le vallon abandonné par les bouquetins. Frère Manöli est venu me rejoindre, tandis que Salami continuait sa chasse infructueuse. Ni la magnificence du site grandiose et sauvage, ni les légendes racontées par mon guide sur les événements accomplis dans ces hauts lieux ne rendent la sérénité à mon humeur morose. Je tâche d'oublier pourtant le beau bouquetin, destiné à compléter la collection zoologique derrière les vitrines du musée de Colmar, en me rafraîchissant à une source limpide comme celles de nos Vosges d'Alsace. L'onde cristalline et transparente repose sur un fond de détritus granitiques. Vous pourriez vous y croire dans le vallon de Frankenthal, sous les escarpements du grand Hohneck. Grâce à la présence de l'eau, la végétation est assez abondante. Près de la source croît un vieux saule dont la montagne tient son nom de Raz Safsafeh, la tête du saule. Quoique d'apparence vigoureuse, l'arbrisseau est dépouillé de ses feuilles pour le moment. A en croire la tradition, Möïse doit y avoir coupé sa verge merveilleuse, cette canne susceptible de faire jaillir l'eau du rocher. Je ne puis me décider à enlever une tige de la souche, suivant l'usage des voyageurs pieux. Je n'aime pas plus mutiler une plante qu'un monument sous prétexte de relique ou de souvenir. La souche du saule n'a pas trois mille années d'âge et ne peut dater du temps

Où, sur le mont Sina, la loi nous fut donnée.

Une construction carrée en ruines, quatre murs sans toiture, tout près de la source de Safsafeh, représente une ancienne chapelle dédiée à la Ceinture de la Vierge. L'altitude de ce point dépasse 1,900 mètres, mon baromètre anéroïde marquait 603,5 millimètres à 2 heures après midi. Tous les escarpements environnants sont élevés comme des murailles aux parois glissantes. Quelques marches, des rochers entassés les uns sur les autres, dans le creux d'une gorge ou d'une cheminée, facilitent les premiers pas, au commencement de l'ascension. Pour monter plus haut, il faut s'aider des pieds et des mains, marcher à quatre pattes, pareillement aux bouquetins de la montagne. Cette grimpade aboutit à une fissure ouverte à pic sur la plaine d'Er Raha. La plaine même s'étale à une profondeur de 500 mètres au moins, visible sur toute son étendue. La pointe supérieure, arrondie en cône, ne se laisse pas escalader avec la chaussure, tant les parois du rocher sont lisses et glissantes. Gare au vertige sur ce dernier sommet. Par contre, quelle admirable perspective sur cette dent, à la pointe arrondie, digne à tous égards d'être célébrée comme un trône du Très-Haut, dressée superbe en avant du dernier massif de manière à dominer d'un seul jet les vallées environnantes. Visible depuis tous les points des vallées qui se rencontrent ou se croisent à ses pieds, ce sommet se prête mieux que le Serbal et le Djebel Mouça à l'identification de la montagne de la Loi de la Bible. Je me réserve de m'expliquer sur mes motifs ailleurs. Pour le moment, contentons-nous d'un coup d'œil sur le panorama du Raz Safsafeh.

La plaine d'Er Raha, vue du sommet, paraît plus étendue qu'en bas depuis notre campement au pied de la montagne. Les ouadys el-Deir et Ledja s'ouvrent au débouché et de part et d'autre de cette plaine comme de profondes gouttières entaillées dans le massif environnant, tandis que la gorge où s'élève le couvent de Sainte-Catherine dessine une continuation de la plaine en ligne droite. De tous côtés, les monts, aux pentes roides, enlacent la plaine d'Er Raha et les vallées qui la rencontrent, comme des murailles gigantesques, coupées à l'arrière-plan par le défilé des vents, Nagb Hawi. En face de la pointe de Raz Safsafeh se dresse d'abord la masse imposante du Djebel Fre'a, aux flancs de porphyre rouge, de l'autre côté de la vallée. Cette masse constitue le noyau d'un véritable chaos d'autres montagnes dans la direction du nord. Son contrefort du Djebel Sona forme les crêtes de séparation entre la plaine d'Er Raha et le ouady el-Deir. A droite, vers l'Est, se dresse la montagne du couvent, Djebel el-Deir, avec une quantité d'aiguilles en granit, dont frère Manöli m'énumère les noms, parmi lesquelles se distinguent particulièrement le Djebel Abou-Madhi, le Djebel Aribeh, le Djebel es-Salib. Vers l'Ouest, sur la gauche, l'arête étroite, aiguë, d'Oughret el-Mehel, à l'entrée du ouady Ledja, puis le sommet du Djebel Ghabsche et le mont Saint-Jean fixent le regard. Dans la profondeur, au débouché de la gorge ouverte devant nous, un monticule de sable porte quelques masures en ruine, où demeurèrent en 1850 les soldats d'Abbas-Pacha, à côté de quelques jardins, avec des arbres fruitiers encore sans feuillage. La chaîne de Tih apparaît aussi dans le lointain, avec des formes plus aplaties. Sur les parois mêmes de la crevasse, qui s'ouvre comme une fenêtre sous le sommet, je n'ai pu découvrir immédiatement sous la pointe supérieure une caverne comme celles du Serbal et du Djebel Mouça. Plus grandiose qu'au Djebel Mouça, la vue du sommet de Raz Safsafeh est plus pittoresque et empoigne davantage, à cause du contraste plus saisissant entre les montagnes et les vallées prochaines, où le regard du spectateur plonge à des profondeurs vertigineuses. Au milieu du calme de ces hauteurs, la pensée se reporte vers les événements dont la tradition y porte la scène. Involontairement, l'âme est saisie d'un sentiment d'admiration et d'adoration sous l'influence de ces souvenirs, sous l'impression de la grandeur majestueuse du site.

Après mes observations sur la pointe de Raz Safsafeh, je me suis assis au bord de la crevasse ouverte au-dessous du sommet, autant pour méditer les textes de la Bible sur l'octroi des tables de la Loi au peuple d'Israël que pour préciser les détails de la topographie du pays. En ce qui

concerne la topographie du Sinaï, nous avons maintenant
une bonne carte anglaise à l'échelle de 1.21120 dressée
sous les auspices du major général Sir Henry James, di-
recteur de l'*Ordnance Survey*, par les capitaines C. W. Wilson et H. S. Palmer, du corps royal des ingénieurs mili-
taires, d'après des levés faits sur les lieux en 1868 et en
1869 par l'*Ordnance Survey Expedition*. Cette carte offre
une exactitude égale à celle des levés topographiques de
notre corps d'état-major dans les montagnes de France et
elle me dispense de reproduire ici un tableau complet des
observations barométriques que j'ai recueillies pendant
mon voyage avec mon compagnon de route. Ainsi que
nous venons de le voir, la plaine sablonneuse d'Er Raha
touche au pied du Raz Safsafeh le ouady el-Deir, em-
branchement du ouady esch Schrech. Elle aboutit à son
autre extrémité au Nakb Harvi, le col des Vents, qui est
le chemin le plus court pour l'oasis de Feiran par le
ouady Selaf. Le Raz Safsafeh forme la pointe nord-ouest
du massif, dont le Djebel Mouça constitue l'extrémité opposée. Ainsi le mont Sinaï n'est pas un sommet isolé. Le
professeur E. H. Palmer donne le nom de Djebel Mouça
à tout ce massif, qui consiste en une croupe montagneuse
énorme longue de deux milles sur un mille de large, avec
des vallées étroites sur les deux côtés, une vallée plus large
à l'extrémité sud-est et une large plaine au nord-ouest. Un
plateau riche en eau et entouré de nombreux sommets
occupe le milieu, dominés aux deux extrémités par des
pointes plus élevées. La pointe du Raz Safsafeh, où j'ai
observé une pression barométrique de 549 millimètres, à
deux heures après midi, aurait 6,541 pieds anglais d'altitude d'après MM. Wilson et Palmer, contre 7,363 pieds
pour le sommet principal du Djebel Mouça. La vallée plus
large du sud-est s'appelle ouady Sebayeh, dominée par les
précipices du sommet principal. Entre la pointe du Raz
Safsafeh et le ouady Ledja, qui conduit au couvent d'El-

Arbaïn, point de départ pour l'ascension du Djebel Catherine, s'ouvre la gorge parallèle du ouady Schrech.

Toutes ces vallées présentent des sources plus ou moins abondantes, malgré la rareté des pluies dans le pays. Au couvent de Sainte-Catherine, les moines m'ont assuré n'avoir de la pluie que pendant quelques jours dans l'année. Sur les points où l'abondance du mica et les gneiss stratiformes favorisent la retenue des eaux tombées, les fontaines naturelles donnent naissance à de petits ruisseaux limpides et frais à leur source. Au point de vue géologique, la péninsule du Sinaï a une structure tout à fait remarquable. La partie méridionale constitué un puissant massif de roches cristallines, où nous ne découvrons que sur une faible étendue des formations intermédiaires entre les dépôts actuels du littoral et les granits anciens des sommets les plus élevés, datant des premiers âges de la terre. L'absence de la végétation, ou son extrême rareté, permet d'étudier la structure des montagnes et leur composition minéralogique bien plus exactement que dans les contrées de l'Europe, où la surface du sol est presque partout recouverte par des cultures ou par les neiges. Selon la remarque d'Oscar Fraas, dans les observations géologiques de son livre *Aus dem Orient*, le granit et le gneiss primitif forment le puissant massif qui s'étend depuis le Raz-Mohammed jusqu'aux hauteurs majestueuses du Serbal et de l'Oûrn Chômer, sillonné par des crevasses verticales formant les vallées. Des amas et des combinaisons variées de quartz incolore, de feldspath rosé ou rouge, de mica noir et de hornblende verte constituent les éléments de ces roches. Depuis leur premier soulèvement, les sommets du Sinaï ont dominé la mer à travers les temps géologiques, plus anciens que notre grand Ballon d'Alsace, sans être recouverts par les dépôts stratifiés nés au sein des eaux. Pour retrouver ceux-ci, il faut gagner les cordons de coraux au bord de la mer Rouge et le plateau crétacé du désert de Tih dans la moitié nord de la péninsule. La masse du Djebel Mouça se compose surtout de granit gris et de syénite ; mais le sommet principal et la pointe de Raz Safsafeh, comme la cime du Djebel Catherine, passent au porphyre rouge. Des porphyres dioritiques et des hornblendes apparaissent en amas verdâtre dans le granit gris et dans les syénites. Celles-ci renferment de l'oligoclase incolore, à côté de véritables amphibolites d'un vert noirâtre, tantôt grenue, tantôt feuilletée, accompagnée aussi de granit rouge avec du feldspath à couleur de chair, du mica noir et du quartz incolore. A la base de la montagne se développent, avec une puissance notable, des aphanites vert sale, sans trace de cristallisation, ne formant plus, comme au Serbal et dans l'ouady Selaf, des filons en saillie, mais des dykes de cent mètres d'épaisseur et même plus. De même, les porphyres dioritiques à fond vert ou gris, où apparaissent des boules de feldspath d'un blanc verdâtre, ainsi que les granits porphyriques rouges ou bruns du Raz Safsafeh et du Djebel Mouça se présentent en massifs puissants au lieu de filons d'une toise d'épaisseur. Ce qui est à noter, c'est le plan de contact rectiligne des granits et des porphyres. Le granit graphique renferme au Djebel Mouça des grenats. J'en ai aussi rapporté de jolis échantillons de cristal de roche. Au Serbal, les filons de diorite verte, avec grands cristaux de feldspath blanc, et les filons de hornblende plus claire, avec petits grains de feldspath rougeâtre, passant à la syénite les uns et les autres avaient frappé mon attention avant mon ascension au Djebel Mouça.

Après le retour de Salami, qui avait couru vainement à la poursuite des bouquetins, nous avons pris par le plus court pour la descente du Raz Safsafeh à travers la cheminée de Sikket-Chouaïb. Sans contredit, ce chemin par les précipices, au-dessus de notre campement, est plus pénible à la descente qu'à la montée. Glissant d'un rocher sur le bloc plus bas, entraînés souvent par les coulées de pierres mouvantes, nous gagnâmes pourtant sains et saufs le pied de la montagne. Partout j'ai constaté qu'à l'approche des sommets, vers 2,000 mètres d'altitude, le granit se délite moins et paraît plus résistant que dans les régions basses. Probablement, cette différence tient à de moindres variations de température. Dans les roches à composition homogène, telles que les calcaires et les grès, la détérioration est aussi moins rapide, dans d'autres régions de la péninsule sinaïque, que pour les roches cristallines. Pendant notre séjour, au mois de mars, plus d'une fois l'eau a gelé dans nos vases de métal, le matin, tandis que la chaleur s'élevait beaucoup dans l'après-midi.

Non loin du point où se dressaient nos tentes, un monticule porte le nom d'Aron, au débouché du ouady Ledja. On y voit un creux dans un bloc de granit. Frère Manöli nous dit que les enfants d'Israël ont fait fantasia ici. Faire *fantasia*, dans le patois arabe, signifie s'amuser. Apparemment les Hébreux ont dû avoir cette disposition lorsqu'ils sont venus fondre dans le moule de granit sous le Raz Safsafeh les joyaux de leurs femmes et les objets précieux enlevés aux Égyptiens pour en tirer le veau d'or. A quelques pas du moule présumé du veau d'or, également à l'entrée du ouady Ledja, on nous fait voir aussi l'emplacement où la terre doit avoir englouti les familles de Korah, de Dathan et d'Abirom en punition de leur rébellion. Rien ne confirme toutefois les dires ignorants des moines, en désaccord avec le récit de la Bible. Un des sommets du ouady Schrech, appelé Djebel Abou Mahrourch, *la montagne frappée par la foudre*, a été fendu par un coup de tonnerre et porte encore des traces de ce phénomène. Ce fait pourrait confirmer l'identification du Raz Safsafeh avec la véritable Montagne de la Loi, si beaucoup de pics de nos montagnes, même des rochers des Vosges, ne portaient également des marques semblables. Dans le récit arabe de l'entretien de Dieu avec Moïse sur la montagne nous lisons : « Le Seigneur se révéla sur la montagne et la montagne éclata en mille morceaux et Moïse tomba en terre sans connaissance, comme si un éclair l'avait frappé. » Des cellules d'ermites chrétiens se trouvent sur la droite du ouady Ledja, immédiatement après le débouché. Parmi elles on nous signale celles de saint Cosme et de saint Damien, puis une ancienne chapelle vouée aux Douze Apôtres. Sur la gauche, quelques plantations et des jardins entourent les ruines du couvent d'el-Boustàn. Plus loin, un bloc de granit, pareil à beaucoup d'autres pour un simple naturaliste, est appelé par les Bédouins : *la pierre de Moïse*, Hadjer Mouça, considéré par les moines grecs comme le rocher d'Horeb, d'où la verge du grand législateur a fait jaillir la fontaine miraculeuse. D'après une tradition juive, à laquelle fait allusion l'auteur de la première épître aux Corinthiens, 10, 4, bien connue aussi des commentateurs du Coran, la pierre en question aurait accompagné les enfants d'Israël à travers le désert, pour revenir ensuite à sa place primitive. Est-ce pour cela que nos chameliers arabes nous ont montré sur plusieurs points différents ce prétendu rocher pendant nos pérégrinations à travers la péninsule du Sinaï ? Mesuré avec ma canne profane, le bloc de granit rougeâtre, considéré comme Hadjer Mouça dans le val Ledja, dont j'ai mis un échantillon dans mon sac de voyage, a 3 mètres et demi de hauteur, pour un volume d'environ 100 mètres cubes. Un filon de porphyre traverse la face du rocher tournée vers le midi en une bande oblique, qui partage le bloc en deux parties de la pointe à la base. Cette bande porphyrique, large d'une coudée, présente une dizaine de trous, d'où a dû couler l'eau pour chacune des douze tribus. Si chaque tribu avait eu son jet particulier, il faudrait douze trous au lieu de dix. Deux d'entre eux ont bien pu disparaître par suite de l'enlèvement de quelques éclats du bloc. Seulement comme ces tuyaux ne traversent pas le granit de part en part pour communiquer avec un réservoir d'eau extérieur, l'eau aurait dû se former dans l'intérieur des trous de toute pièce, en quantité de 2,000 mètres cubes journellement, à raison d'un litre seulement par tête, — sans compter la ration des bestiaux, si les Israélites étaient en réalité deux millions d'individus au Sinaï.

Le ouady Ledja paraît ainsi nommé en mémoire de la seconde fille de Jethro, sœur de Zippora. Continuant à cheminer dans le fond de cette vallée pittoresque, si intéressante par les traditions qui s'y rattachent, vous voyez à une demi-lieue de la pierre de Moïse de nouvelles inscriptions, dont, à mon regret, je ne puis déchiffrer la signification. Un cloître abandonné, ancienne succursale du couvent actuel, s'élève là dans une solitude absolue, au milieu de plantations d'oliviers. C'est le Deir el-Arbaïn ou couvent des Quarante-Martyrs, désigné sous ce nom parce que les Sarrazins ont mis à mort les moines qui y demeurèrent, comme ceux du couvent de Sikelieh au mont Serbal. Selon la *Relation historique d'un voyage au mont Sinaï* de Marrison, chanoine de Bar-le-Duc, l'abandon du couvent date de 1679, année de sa visite. Actuellement le jardin est cultivé par des frères lais, qui viennent du couvent de Sainte-Catherine, avec le concours des Arabes Djebelieh, leurs serfs. Dans le haut du jardin, une source fraîche jaillit de la montagne, au voisinage d'une grotte, ancien ermitage de saint Onofrius. Les arbres fruitiers produisent des citrons, des pommes, des abricots, des grenades, des amandes, des figues en abondance et de qualité excellente. La construction même du monastère abandonné n'a rien de remarquable. On peut y coucher pour raccourcir le chemin en cas d'ascension du Djebel Catherine, où je n'ai pas eu le temps de monter. Cette dernière ascension est fatigante, mais ne présente ni difficulté, ni danger.

Je laisse à mon compagnon de route, M. Maurice Velin, le soin de développer nos idées sur l'identification du Sinaï biblique, la montagne où Dieu a révélé sa loi à Moïse, avec les différents sommets que nous avons gravis ces derniers jours. Les commentateurs des livres saints ne sont pas d'accord sur cette question, car si les uns, comme le comte de Laborde, le D' Strauss, Tischendorf, font camper les Juifs au ouady Sebaije et placent la Montagne de la Loi au Djebel Mouça, d'autres, comme Lepsius, Lequointre et Brugsch, la mettent au mont Serbal. Sans aucune prétention à l'exégèse, sans rappeler ici les passages de l'Exode et du livre des Nombres que mes lecteurs ont tous présents à la mémoire, en me servant du simple bon sens pour comparer les textes bibliques avec les données de la géographie physique observées sur les lieux, je considère comme la montagne sainte le Raz Safsafeh. Aucun autre sommet du massif du Sinaï ne se prête mieux à cette identification, car dans le voisinage d'aucun autre le peuple hébreu, évalué à 600,000 hommes de pied, n'aurait trouvé assez de place pour un campement avec les femmes, les enfants et les troupeaux. Nulle part ailleurs, le peuple de Dieu n'a pu entourer la montagne de manière à toucher sa base en présence de Jéhovah dictant ses commandements à son législateur, comme à la pointe de Raz Safsafeh. A la descente du couloir de Sikket Chouaïb, nous entendions distinctement la voix des chameliers s'élevant de notre campement, comme les cris du peuple, qui ont fait dire par Josué à Moïse, après la réception du Décalogue : « Il y a dans le camp une clameur comme dans le combat ! »

APPENDICE

Par M. M. VELIN

Membre fondateur de la Société de géographie de l'Est.

————

Au sud de la Péninsule sinaïtique s'élève un massif de montagnes qui est, pour ainsi dire, isolé du monde.

Le golfe de Suez le sépare des vastes déserts de la Thébaïde ; le golfe d'Akabah, de l'Arabie, dont les déserts furent pour les empires asiatiques une barrière infranchissable. Par terre, il faut quatre jours de marche pour l'atteindre depuis l'Égypte, quinze depuis la Syrie, quatre depuis Akabah ; c'est le désert de Tih qui s'étend de ce côté entre les deux golfes, désert affreux où ne croît aucune herbe, où les animaux ne vivent pas, où tout est triste, les vastes solitudes vers la mer, comme les gorges taillées dans la craie aux approches de la montagne. Le voyageur est heureux de découvrir les roches sombres qui forment le sud de la presqu'île.

Dans les vallées étroites où il pénètre, croissent des plantes épineuses ; plus loin il rencontrera des gommiers ; à Feïran, il verra des palmiers et deux ou trois champs de blé, arrosés par un vrai ruisseau d'eau courante. C'est au milieu de ces montagnes que s'est passée toute l'histoire de la contrée.

Tandis que les armées qui se rendaient d'Égypte en Syrie ou de Syrie en Égypte, le long du rivage de la Méditerranée, ne laissaient d'autres traces que leurs pas aussitôt effacés, les montagnes du Sud attirèrent l'attention, car on y trouvait du cuivre et des turquoises. Mais les nomades qui habitaient ces vallées étaient trop pauvres et leurs montagnes trop inaccessibles pour que les conquérants cherchassent à s'emparer du pays tout entier. Ils se bor-

naient à occuper les mines, à réprimer, par de rares expéditions, les brigandages de leurs voisins, toujours turbulents
et pillards ; en général, ils les laissèrent vivre en paix. Cette
paix était si profonde que les proscrits d'Égypte trouvaient
un asile chez les Bédouins.

Moïse, après bien d'autres, vint s'y réfugier, et voilà
pourquoi cet îlot de montagnes, si loin du monde, occupe
dans l'histoire une grande place. Cette paix que les siècles
ont prolongée, fait qu'encore aujourd'hui ce coin de terre
est l'un des pays les plus curieux à visiter, car les hommes
et les mœurs sont restés les mêmes depuis les premiers
temps, et le voyageur y contemple avec étonnement cette
vie patriarcale dont il lit les descriptions dans la Bible.

Voici, en quelques mots, l'histoire de la Péninsule telle
que la donnent les monuments égyptiens et les incriptions
de Magarah. M. Maspéro la raconte à merveille dans
son *Histoire ancienne des peuples d'Orient*. Je m'arrêterai
plus longtemps à l'examen du texte de la Bible, afin de
déterminer autant que possible la route qu'ont suivie les
Hébreux de la mer Rouge au Sinaï, but de notre voyage ;
à travers les vallées que nous avons parcourues. Nous
chercherons aussi quelle est la montagne où fut donnée
la Loi et le chemin par lequel les Israélites sortirent de
la Péninsule. Quelques mots suffiront pour achever cette
histoire jusqu'à nos jours.

L'origine des peuplades qui habitaient ces contrées se
perd dans la nuit de l'histoire. Lorsque Madian et ses
frères, fils d'Abraham (Genèse, XXV, 2), Ismaël, de qui
devaient descendre 12 familles (Genèse, XXV, 13 et suiv.),
s'enfuirent dans le désert de Pharan et lorsque le fils d'Ésaü,
père des Amalécites, vint s'établir dans les vallées, elles
étaient déjà peuplées. Ces nomades étaient appelés par
les Égyptiens *Slaos* (pillards [Maspéro]), et les nouvelles
familles paraissent n'avoir rien changé aux habitudes de
leurs hôtes, auxquels elles allaient succéder. Jamais ils

n'habitèrent exclusivement le Sinaï; ils remontaient jusqu'à la mer Morte et occupaient les vallées voisines en Arabie. Les monuments font pour la première fois mention de ces peuples sous la 4e dynastie. Snewrou, son fondateur, le Soris de Manéthon, « fit la guerre aux tribus nomades qui harcelaient sans cesse la frontière orientale du Delta, et pénétra jusqu'au fond de la péninsule du Sinaï. Un bas-relief de l'ouadi Magarah nous montre le roi des deux Égyptes, le Seigneur des diadèmes, l'Hor vainqueur, le Dieu grand, écrasant de sa masse d'armes un barbare terrassé devant lui. Il fit exploiter au compte de l'Égypte les mines de cuivre et de turquoises, et pour mettre désormais le Delta à l'abri des incursions, il garnit la frontière de forteresses. » (Maspéro, p. 66.)

Dès cette première campagne, les pasteurs de ces montagnes se montrent sous leur vraie physionomie. Pillards hardis, ils font des expéditions jusque dans les riches provinces de l'Égypte. Le Pharaon marche contre eux à la tête d'une armée; les tribus se dispersent probablement dans les montagnes et deviennent insaisissables, puisque les Égyptiens élèvent une barrière de forteresses pour se protéger contre de nouvelles incursions des vaincus. On exploite cependant au profit du roi les mines de Magarah; ce fut le principal résultat de cette campagne. Résultat précaire, car nous voyons (Maspéro, p. 88) Papi Ier, 2e roi de la 6e dynastie, reprendre sur les nomades asiatiques les établissements du Sinaï, que ses prédécesseurs avaient perdus. Les mines du Sinaï, exploitées avec plus de suite et soumises à des inspections régulières, donnèrent des résultats qu'on n'avait jamais atteints auparavant.

Il est probable que ces conquêtes se conservaient sans trop de difficultés; car les nomades n'avaient que faire de l'or ni des matières précieuses extraites de Magarah par les Égyptiens. Ce qu'ils cherchaient du côté du Ouadi-

Toumilat, c'étaient probablement les troupeaux et le blé. Cependant il fallait veiller, car Nower-Kara, ou Papi II, successeur de Papi Ier, sut repousser, nous dit une inscription du Ouadi-Magarah, les attaques des barbares et continua l'exploitation des mines. (Maspéro, p. 89.) Sous les rois de la première dynastie thébaine (11e dynastie), les mines échappèrent à l'Égypte ; les rois prenaient possession de leur souveraineté et devaient d'abord se délivrer du vasselage d'Héracléopolis. (Maspéro p. 99.)

Entre temps, mais à quelle époque ? (la chronologie n'est pas encore établie), la Péninsule fut peut-être conquise par Saryoukin Ier, roi d'Agani, en Chaldée, si toutefois on veut identifier à Magarah le pays de Magan, riche en cuivre, que Saryoukin occupa après la conquête de Syrie. (Maspéro, p. 196.)

Sous la 12e dynastie (Maspéro, p. 108), « les Pharaons s'établirent solidément à Magarah. Ils défendirent les gorges de la montagne contre les Bédouins. Mais ils ne se départirent point de leur politique habituelle ; ils ne prirent du terrain que ce qui était nécessaire pour l'exploitation des mines, et abandonnèrent le reste aux tribus nomades du désert. »

M. Maspéro raconte la curieuse histoire d'un Égyptien exilé, qui alla chercher asile près des Bédouins du pays d'Édom. (Maspéro, p 109.)

Sineh, le héros du récit, forcé de fuir d'Égypte pour des raisons inconnues, après avoir franchi la grande muraille, s'enfonce dans le désert. « Je cheminai, dit-il, pendant la nuit, et à l'aube je gagnai Peten et me dirigeai vers Qamoër.

« La soif me surprit ; je me mis à courir ; mon gosier se sécha ; je dis : Voici le goût de la mort. Soudain je relevai mon cœur et raidis mes membres ; j'entendais la voix douce des bestiaux. J'aperçois un Bédouin. Je le priai de me guider pour m'éloigner de l'Égypte. Il me donna de

l'eau : je fis bouillir du lait et j'allai avec lui dans sa tribu. »
Les Bédouins qui avaient accueilli Sineh le conduisirent de station en station jusqu'au pays d'Édom. Un des
chefs de cette contrée l'envoie chercher et l'invite à rester
près de lui : « Demeure avec moi, tu pourras entendre le
« langage de l'Égypte. » Et, en effet, Sineh rencontre près
du prince certains hommes de l'Égypte qui étaient parmi
ses hôtes.

Cette circonstance décide l'aventurier à se fixer dans le
pays, où il fait rapidement fortune. « Le chef me mit à la
tête de ses enfants, me maria à sa fille aînée et me donna
mon choix parmi les terres les meilleures qui lui apparte-
naient jusqu'aux frontières du pays voisin. Ce fut grand,
certes, ce qu'on me conféra, quand le chef vint pour m'in-
vestir et m'établit chef de tribu parmi les meilleures du pays.

« J'eus des rations journalières de pain et de vin, chaque
jour des viandes rôties, des oies séchées au feu, outre le
gibier du pays que je prenais ou qu'on posait devant moi,
en plus de ce que me rapportaient mes chiens de chasse ;
je fis toutes espèces de choses et toutes sortes de fromages. »

Telle devait être encore au temps de Moïse l'hospitalité que les nomades intelligents, mais ignorants, accor-
daient aux fugitifs de la savante Égypte.

Moïse vivait sous Ménephtah ou sous Séti II, roi de la
19ᵉ dynastie. (Maspéro, p. 258.)

Craignant pour sa vie, après le meurtre d'un Égyptien,
il s'enfuit dans le désert et parvint au pays de Madian (environs d'Akabah) [Exode, II, 15]. Raguel, prêtre du Dieu
d'Abraham, l'accueillit et lui donna pour épouse sa petite-
fille Séphora (Exode, II, 21). Moïse conduisait les troupeaux
de Jéthro, son beau-père, et parcourait les vallées du
Sinaï, lorsqu'un jour, ayant pénétré au fond du désert,
il vint à la montagne d'Horeb (Exode, III, 1). Dieu lui apparut. Il lui ordonna d'aller vers l'Égypte et de tirer les
Israélites de leur servitude (Exode, III, 7 et 19). Moïse

accepta la mission et jura qu'après l'avoir accomplie il viendrait offrir un sacrifice à Dieu, à l'endroit même où il l'a reçue (Exode, III, 12). De graves difficultés se présentaient. Moïse avait à soulever, sous l'œil du Pharaon et des gouverneurs, un peuple disséminé sur la terre de Gessen ; il devait offrir aux Israélites de quitter cette Égypte opulente où, quoique chargés de lourds travaux, ils vivaient du moins dans l'abondance (Nombres, XI, 5), et leur proposer de traverser le désert, pour parvenir à un pays inconnu, dans lequel il faudrait pénétrer par la force. Cependant le peuple hébreu avait la tête dure (Exode, XXXII, 9 ; Act. Ap., VII, 5), selon la vigoureuse expression de la Bible, et la longue habitude de paix et d'esclavage l'avait rendu lâche (Exode, XIV, 12 ; Nombres, XIV, 3).

Je croirais à la mission surnaturelle de Moïse si je n'avais comme preuve que son triomphe sur ces difficultés insurmontables pour un homme, surtout pour un banni. J'insiste sur ce point pour marquer l'importance des événements qui vont suivre, et dont le théâtre fut ces lieux mêmes que nous venons de parcourir.

Les Hébreux, au nombre environ de 600,000 hommes de pied, avaient déjà fui pendant deux jours, lorsque Dieu leur ordonna de se jeter sur la droite vers la mer Rouge. Ils avaient campé à Socoth et à Ethan ; ils vinrent camper devant Phihahiroth, près de la mer, en Égypte (Exode, XIX, 2). Moïse entr'ouvrit la mer, fit passer les Hébreux, et referma les eaux sur l'armée égyptienne, qui venait de les rejoindre. « Alors le peuple craignit le Seigneur ; il crut au Seigneur et à Moïse son serviteur (Exode, XIV, 31). » Les commentateurs les plus dignes de foi, se guidant en partie sur la géographie de l'ancienne Égypte, en partie sur l'étude géologique du sol, placent Phihahiroth vers l'extrémité du grand Lac amer.

Les Israélites entrèrent dans le désert de Sur (Exode,

XV, 22). Le désert de Sur est celui qui s'étend entre le plateau de Tih et la mer. Moïse, qui connaissait ces contrées, n'aurait pas, en effet, mené son peuple à travers les solitudes désolées du plateau de Tih. Les Israélites étaient très nombreux, puisque 600,000 guerriers indiquent au bas mot 1,800,000 personnes et qu'ils étaient suivis d'une foule de petit peuple, c'est-à-dire d'étrangers, et ils émigraient avec de grands troupeaux (Exode, X, 9, 26; XII, 32, 38).

Moïse, qui fit preuve en toutes circonstances d'une prudence très remarquable, ne les aurait pas entraînés dans un désert sans eau, où la réverbération du soleil sur le sol blanc est horriblement pénible et double la chaleur. Ces premières épreuves auraient pu décider le peuple à retourner vers la terre d'Égypte, dont il va trop tôt regretter les oignons. D'ailleurs la Bible aurait mentionné le passage de la montagne.

Ils marchèrent trois jours dans la solitude et arrivèrent à Mara, où Moïse adoucit l'amertume des eaux en y jetant d'un certain bois (Exode, XV, 25).

Établissons d'abord ce que cette multitude pouvait faire de trajet. Les Israélites sont des pasteurs (Genèse, XLVI, 34). Ils promenaient leurs troupeaux dans la terre de Gessen (Genèse, XLVII, 1, 6, 11). Comme les nomades d'aujourd'hui, ils pouvaient faire vingt-cinq à trente kilomètres dans une journée, d'autant plus facilement qu'entre ces marches il y avait de longs arrêts (Exode, XVII, 1). Il faut considérer aussi que cette multitude tout entière ne s'ébranlait pas en un jour, comme le prouve le chapitre X du Livre des Nombres; mais ils se déplaçaient famille par famille. En trois journées les Israélites ont donc pu parvenir au ouadi Ouardan. La marche suivante les amène à Élim, où il y avait douze fontaines et soixante-dix palmiers (Exode, XV, 27). Le ouadi Garandel, où l'on voit aujourd'hui encore une végétation extraordinaire pour le pays, et où en creusant le sol on trouve de l'eau, correspond fort bien à la situation d'Élim. De plus la Bible nous dit (Nombres, XXXIII, 10) qu'ils campèrent le jour suivant sur le bord de la mer. Or, il se fait qu'à 25 kilomètres de là, la route que doivent suivre les caravanes, aboutit à la mer, à une plage qui va se rétrécissant jusqu'à Ras-abou-Zennimeh, où elle est si étroite que le passage est libre seulement à marée basse. Les Hébreux ont dû camper dans l'hémicycle compris entre les montagnes et la mer.

De là ils allèrent camper dans le désert de Sin (Nombres, XXXIII, 11), le 15e jour du 2e mois après la sortie d'Égypte. Ce désert correspond parfaitement à la plaine d'El-Markha, aujourd'hui encore parcourue par les troupeaux. C'est là que les Hébreux recueillirent des cailles en très grande abondance ; là aussi, nous dit la Bible, que Dieu leur envoya la manne pour la première fois (Exode, XVI, 14).

Avant d'arriver au désert de Sinaï, ils campèrent encore trois fois : à Daphca, à Alus, à Raphidim (Nombres XXXIII, 12, 13, 14, 15).

Sur les deux premières stations, on ne donne aucun détail curieux. Par contre, à Raphidim, se passèrent plusieurs événements importants. D'abord le peuple manquant d'eau, murmure. Moïse frappe le rocher d'Horeb et en fait jaillir une source (Exode, XVII, 2, 6). Ensuite c'est dans ce lieu que les Amalécites vinrent attaquer les Hébreux et que Josué, à la tête de guerriers choisis, les vainquit ; pendant la bataille, Moïse, les bras levés vers le ciel, implorait la faveur de son Dieu (Exode, XVII, 8, 9, 11, 13).

La Bible nous marque ailleurs que Raphidim est à une marche du Sinaï. Nous trouverons le Sinaï à une distance de quatre journées du désert d'El-Markha et vers les routes qui conduisent au désert de Pharan, chemin des nomades. Nous verrons plus loin que Pharan est le désert qui s'étend entre le golfe d'Akabah et le plateau de Tih.

Quelle est la montagne vis-à-vis de ce désert où l'on puisse trouver des rapprochements avec celle que la Bible décrit si bien, où Dieu donna sa loi aux Hébreux ? En face du ouadi Saal, l'une des routes qui mène à Pharan, est le mont Serbal, l'un des principaux et le plus majestueux de la Péninsule. Divers savants, Lepsius et Ebers entre autres, ont vu en lui la montagne sainte. Mais deux raisons péremptoires détruisent cette hypothèse. La Bible dit (Exode, ch. XIX, 3, 7, 8, 14) que Moïse fit deux fois l'ascension de la montagne ; or M. Grad, excellent alpiniste, a mis environ huit heures pour la gravir et la descendre depuis le ouadi Aleyat, douze heures depuis l'ouadi Feyran. Il n'est guère admissible que Moïse ait mieux marché. Une autre remarque tranche la question. L'Exode nous dit: Israël dressa ses tentes vis-à-vis de la montagne (ch. XIX, 2). Or le ouadi Feyran n'est pas en vue du Serbal; il existe, il est vrai, une vaste vallée, le ouadi Aleyat, qui serait suffisante pour le campement d'un peuple. Mais le sol en est complètement couvert d'amas énormes de blocs granitiques, débris de moraines gigantesques parfaitement reconnues par M. Grad. On peut à peine y trouver un sentier.

Près du Serbal, il n'y a donc pas de lieu de campement qui corresponde aux descriptions de la Bible, car les montagnes forment des chaînes sans sommets saillants et sans larges vallées.

Les seuls autres sommets des environs sont le djebel Catherine, le géant du Sinaï, que ses voisins cachent aux regards, et le djebel Mouça. Situé au fond d'une vallée spacieuse nommée Er-Raha, le djebel Mouça apparaît majestueux, tel que l'imagination inspirée par la description de la Bible se plaît à se figurer la redoutable montagne. Au pied du djebel Es-Safsafeh passe un ouadi transversal, le ouadi Ed-Deir. De tous les points de cette vaste plaine en croix, le sommet de la montagne est toujours visible et

son apparence toujours aussi imposante. Cet espace suffi-
sait pour le campement du peuple; la montagne est beaucoup moins élevée; l'ascension ne demande que trois
heures. Palmer, d'ailleurs, après plusieurs autres, l'a
reconnue pour la montagne sainte, et la tradition conservée au couvent de Sainte-Catherine l'appelle ainsi. Voyons
si elle remplit les autres conditions.

Nous avons établi que les Israélites ont campé dans le
désert d'El-Markha. Une route s'ouvre devant eux, celle
qui, après avoir longé quelque temps le rivage de la mer,
rencontre le ouadi Feyran, suit dans toute sa longueur cette
large vallée, prend ensuite le ouadi Sheikh, et le remonte
jusqu'au djebel Mouça. Cette route est un peu plus courte
et beaucoup plus facile que celle qui se détache de la
plaine d'El-Markha par le ouadi Seih-Sidreh.

Il me semble donc très naturel de placer Daphka aux
environs du ouadi Mackatteb, où aboutit la route nouvelle qui vient du ouadi Seih-Sidreh; Alus près du ouadi
Aleyàt; Raphidim à peu près au point où le ouadi Sheikh
est rencontré par le ouadi Gasab, à quelques milles du
ouadi Saal.

Cependant il n'y a aucune raison pour admettre l'impos-
sibilité de l'autre itinéraire que voici : on sort du désert
d'El-Markha par le ouadi Seih-Sidreh, continué par le
ouadi Oum-Agraf, le ouadi Sig, le ouadi Taijebeh, le ouadi
Bark, le ouadi Lebouch, le ouadi Berrah, le ouadi Soleif,
le ouadi Sheikh, à l'extrémité duquel se dresse le pic du
Safsafeh. Cette route est longue d'environ 120 kilomètres.
Raphidim se trouverait au même point que dans l'autre
itinéraire; nous aurions Alus dans le ouadi Lebóueh, où
la vallée forme une vaste plaine; enfin Daphca, vers le
milieu du ouadi Oum-Ajraf. Si les Israélites n'ont pas
suivi cette voie, d'autres s'en sont servis, ainsi que le prou-
vent les innombrables inscriptions que portent les rochers.

Les Israélites débouchèrent enfin dans cette plaine d'Er-

Raha, où de grandes choses allaient s'accomplir. Moïse put offrir à son Dieu le sacrifice qu'il lui avait promis. Il avait, pour l'assister, le peuple d'Israël, qu'il conduisait à la conquête d'une patrie.

Ils parvinrent en cet endroit le troisième jour du troisième mois après leur sortie d'Égypte (Exode, XIX, 1); ils y demeurèrent jusqu'au vingtième jour du deuxième mois de la deuxième année, c'est-à-dire plus d'un an.

La cime du djebel Safsafeh fut entourée de nuages d'où sortit la foudre. Alors Moïse monta sur la montagne et leur rapporta ces lois qui sont restées les lois fondamentales de la société, et ces règlements si sages, qu'ils ont préservé le peuple juif jusqu'à Titus et conservé jusqu'à nos jours une vitalité surprenante aux débris épars de cette nation. Mais lorsque les Israélites campaient dans cette plaine d'Er-Raha, ils n'avaient ni foi, ni discipline. Aussi élevèrent-ils, contre leur Dieu et contre Moïse, le veau d'or, qui peut-être fut placé sur le monticule où l'on voit aujourd'hui un tombeau arabe. Ils y construisirent aussi l'Arche d'alliance.

Le vingtième jour du second mois de la seconde année après leur sortie d'Égypte, les Israélites partirent du désert du Sinaï (Nombres, X, 12). Ils marchèrent pendant trois journées avant d'arriver dans la solitude de Pharan (Nombres, XI, 2 et 33). A la première étape de cette route, le peuple murmura et réclama des viandes à manger. Des cailles s'abattirent en si grand nombre, que le peuple entier trouva à s'en nourrir. Mais un mois ne s'était pas encore écoulé qu'une grande plaie le ravagea. Nous voyons par là que les Israélites ne touchaient pour ainsi dire pas aux troupeaux qu'ils emmenaient avec eux (Nombres, XI, 22). La seconde étape les amena à Haseroth et de là à Pharan, en un endroit que le chapitre XXXIII, 18, des Nombres nomme Rithma. C'est de cet endroit qu'ils envoyèrent des espions aux pays de Chanaan, pour la conquête duquel

Moïse les avait emmenés hors de l'Égypte. Ils firent plusieurs marches et parvinrent près de Cadès (Nombres, XIII, 27). Une sédition éclata, et la lâcheté reprenant le dessus, les Israélites demandèrent à retourner vers l'Égypte. Alors Dieu les maudit et les condamna à mourir dans le désert (Nombres, XIV, 22, 23, 28, 29, 30, 33, 34). Cependant les Amalécites et les Chananéens, qui habitaient ces vallées, devenaient menaçants (XIV, 25). Moïse redouta le sort d'une bataille et ordonna de lever le camp (XIV, 25). Mais le peuple se révolta de nouveau; il voulut marcher en avant et gravir la montagne de Hor (Nombres, XXXIII, 37); il y rencontra les nomades et éprouva un désastre.

Quel fut le théâtre de ces événements? Les Israélites, en sortant du désert du Sinaï, se dirigèrent évidemment vers la terre de Chanaan. Tout l'indique. Ils ne pouvaient suivre la route de Nakhlé, qui traverse le plateau de Tih, trop aride pour qu'un peuple songe à s'y aventurer. Ils devaient donc chercher leur chemin le long du golfe d'Akabah, pour suivre ensuite le ouadi El-Arabah. Ils ont dû descendre alors le ouadi Saal, et le lieu nommé Haseroth est un peu avant la rencontre du ouadi Saal et du ouadi Tahmeh. Le désert de Pharan commence en cet endroit où la route gravit les contreforts du plateau de Tih. Là se trouve cette montagne de Hor. C'est la route que suivent encore les caravanes qui se rendent du Sud en Palestine par Akabah. Le campement de Cadès, au pied de la montagne, doit donc être placé à l'extrémité du ouadi Atiyet.

Ce désastre commença la destruction de ces hommes, qui ne devaient point entrer dans la terre de Chanaan. Ils vont errer pendant quarante années, semant leurs ossements dans le désert. La Bible est muette sur cette période. Elle ne donne que le nom des treize stations (Nombres, XXXIII, 24 à 36) des Israélites. Ces noms, sans détails topographiques, ne peuvent rien nous dire aujourd'hui. Un passage du Deutéronome (X, 7) nous permet cependant de supposer que la montagne de Gadgad est l'une des élévations du djebel Samghi, et que Jetebatha se trouve sur la côte.

Après cette longue épreuve, les Hébreux revinrent à Cadès; Marie, sœur de Moïse, y mourut; et près de là, Aaron, son frère, eut sa sépulture sur la montagne de Hor.

Les Israélites s'étaient aguerris; et lorsque, à cette même place où ils avaient éprouvé une sanglante défaite, les Chananéens voulurent leur barrer le passage, ils les détruisirent. Ils partirent de la montagne de Hor par le chemin qui mène à la mer Rouge (Nombres, XXI, 1, 4), c'est-à-dire par la route de Suez à Akabah, que rejoint sur ce point la route du Sud. Chaque année, le pèlerinage de la Mecque parcourt ce trajet. Ils sortirent par là de la Péninsule sinaïtique.

Sur leur route, ils troublèrent encore profondément les nomades avant de parvenir à la contrée où ils devaient fonder leur empire. Si les Israélites avaient eu la nature belliqueuse des hommes du Nord, quelle barrière aurait pu résister à une invasion qui dépasse en puissance celles qui ont bouleversé le monde au ve siècle?

Lorsque les Israélites eurent conquis la terre promise, ils souffrirent souvent des incursions des nomades (Juges, VI). Ces incursions attirèrent des représailles. Saül détruisit la nation des Amalécites depuis Hévila jusqu'à Sur (1, Rois, XV, 7), c'est-à-dire qu'il la poursuivit dans la Péninsule sinaïtique, jusqu'à la frontière d'Égypte. Il détruisit tous ceux qui tombèrent entre ses mains, à l'exception d'Agag, leur roi, qu'il mit à mort dans la suite, en lui disant: Comme votre épée a ravi les enfants à tant de mères, ainsi votre mère parmi les femmes sera sans enfants (1500 avant J.-C.).

Vers 900, le prophète Élie, persécuté par Jézabel, s'enfuit au Sinaï.

A partir de ce moment, la Péninsule sinaïtique est sans histoire jusqu'aux premiers siècles de notre ère.

Tandis que, de l'autre côté du golfe de Suez, le désert de la Thébaïde se remplissait d'ermites et de solitaires de la religion nouvelle, les déserts de la Péninsule se peuplèrent.

On voit encore aujourd'hui des ruines nombreuses d'habitations qui remontent à cette époque; on en trouve jusqu'au fond du ouadi Aleyat; il y eut même une ville, dans l'oasis du ouadi Feyran. Elle se nomma Pharan. J'y ai trouvé les ruines d'une basilique. Dans le ouadi Rinn, sur les flancs du Serbal, j'ai vu, près des débris d'une maison, les restes d'une digue élevée pour rassembler les eaux d'une source abondante. En 324, Pharan devint un évêché.

Un autre centre de cette population nouvelle fut le massif d'Horeb, et particulièrement les environs du Sinaï.

Les Bédouins, qui de père en fils pillaient leurs voisins, ne pouvaient pas épargner les étrangers établis au milieu de leurs vallées. Aussi devinrent-ils si agressifs que Justinien, en 527, bâtit pour les religieux, au pied de la montagne sainte, les formidables murailles qui abritent le couvent célèbre de Sainte-Catherine.

Peu à peu, les ermites abandonnèrent les autres résidences et le couvent était, dès le temps de Mahomet, le seul endroit de la Péninsule où les chrétiens se fussent maintenus. Mahomet donna aux moines de Sainte-Catherine une charte de liberté; il leur accorda même la suzeraineté sur les Arabes qui habitent entre le plateau de Tih et les golfes de Suez et d'Akabah. Cette charte, vraie ou fausse, les fit respecter par les conquérants arabes et leur attribua sur les tribus nomades une autorité réelle, respectée jusqu'aujourd'hui.

Les moines ont grand soin de conserver leurs murailles en bon état; car, à certains moments d'agitation, les Bédouins pourraient fort bien se débarrasser de leurs maîtres.

Au printemps de 1799, tandis que Bonaparte marchait sur la Syrie, Kléber se présentait devant le couvent de Sainte-Catherine. Il confirma l'autorité des moines, et augmenta la défense du couvent.

Le dernier événement de cette histoire est l'exacte reproduction des faits que nous avons lus dans les monuments de l'ancienne Égypte.

Au début de la guerre que l'Angleterre entreprenait en Égypte, et qu'elle continue encore, Palmer, l'explorateur et le géographe de la Péninsule, fut chargé d'y acheter des chameaux, et il partit avec une grosse somme d'argent. Assailli et désarmé par trahison, il fut précipité avec ses compagnons du haut du djebel Bisher. Les Bédouins brûlèrent les corps, dans l'espoir de faire disparaître les traces de leur crime. Mais tout se sait au désert.

Les Anglais conduisirent une expédition de troupes égyptiennes à la recherche des coupables. Leur tribu, qui habitait le ouadi El-Asrish, se dispersa à la première nouvelle de l'arrivée des troupes. Cependant, à force de fouiller le pays, on s'empara du cheik et de sept hommes, sur trentecinq qui avaient pris part au crime. Ces hommes furent pendus dans les villes de la Basse-Égypte. Dans la razzia, on retrouva à peu près la moitié des sommes dérobées à Palmer, 25 chameaux, 70 moutons et chèvres, 6 ânes et 4 meules à blé. Si nous étions aux temps des Pharaons, le général vainqueur aurait fait sculpter au point extrême qu'il aurait atteint, l'image de son souverain tenant par les cheveux ses ennemis agenouillés et levant sa masse d'armes sur leur têtes.

En résumé, sauf à l'époque où Israël, fugitif d'Égypte, n'osait encore se mesurer « avec les géants de la race d'Énoc », les pasteurs du Sinaï n'ont été troublés qu'en punition de quelque méfait.

Tandis que de grands royaumes périssaient, et que le monde bouleversé changeait de maîtres, ces nomades, préservés par leur pauvreté, ont vécu libres, paisibles et heureux.

Le voyageur qui parcourt leurs vallées sauvages éprouve une impression inconnue du plus grand nombre : celle du bonheur et de la liberté.

Nancy, impr. Berger-Levrault et Cie.

205